StempelGlück

StempelGlück

Kunstvolle Stempel selbst gemacht
zum Gestalten von Karten und Stoffen

Geninne D. Zlatkis

Einleitung 6

Grundlagen

Es beginnt mit einer Idee 8

Werkzeuge und Materialien 10

Techniken 16

Design 20

Inspiration 28

Projekte + Ideen

Stempeln auf Papier 30

Radiergummi-Stempel 32

Geschenkanhänger 36

Briefpapier 39

Exlibris 42

Geschenkpapier 46

Bilderrahmen 50

Kunstdruck mit Herz 54

Leporello-Tagebuch 58

Bestickte Karten 63

Schmetterlingspost 68

Gartentagebuch 72

Stempeln auf Stoff 76

Tragetasche mit Kaktus 78

Kaffeepressenwärmer 82

Vogelbrosche 86

T-Shirt mit Seemotiv 90

Vogelkissen 94

Stempeln auf anderen Materialien 98

Schatzschachtel 100

Blumentöpfe 104

Hübscher Stein 109

Wandbordüre 114

Motive 118

Vorlagen für die Projekte 124

Autorin und Impressum 132

Einleitung

Schon als kleines Mädchen brannte ich darauf zu wissen, wie Dinge entstehen. Büroartikel wie Datums- und Zahlenstempel, die Siegel in meinem Pass und die Stempel auf offiziellen Dokumenten fand ich stets faszinierend. Wenn ich Lehrerin spielte, ging das nicht ohne einen Stempel für die Klassenarbeiten, die ich für meine Puppen zu benoten hatte. Der erste Anstoß, eigene Stempel anzufertigen, kam jedoch lange nach meiner Schulzeit. Ich sah ein wunderschönes Holztablett voller handgeschnitzter Weinkorken in Gwen Diehns Buch „The Decorated Page" und war begeistert von der Idee, meine eigenen Designs nicht nur verwirklichen, sondern auch noch mehrfach drucken zu können.

Nachdem ich ein Linolschnittmesser, eine Schachtel mit weißen Radiergummis und ein schwarzes Stempelkissen gekauft hatte, war ich sofort süchtig. Schnitzen war für mich entspannend und meditativ zugleich, und ich konnte Stunden damit verbringen. Dabei dachte ich schmunzelnd an meinen Urgroßvater, der Holzschnitzer war und vermutlich ebenfalls Stunde um Stunde mit Freude diesem wunderschönen Handwerk nachging.

Dieses Buch ist sowohl als Quelle als auch als Inspiration für all diejenigen gedacht, die das Anfertigen eigener Stempel erlernen möchten. Mit diesem Ziel vor Augen erklärt dieses Buch Ihnen die Grundlagen, die Sie für den Einstieg benötigen. Es enthält Informationen über Werkzeuge, Materialien, Techniken und Designs. Sie werden sehen, wie leicht es ist, einen Stempel zu schnitzen, ein Design aus verschiedenen Motiven zusammenzustellen und sogar einfache Stick- und Nähtechniken mit dem Stempeln zu verbinden.

Obwohl Sie nur wenige, einfache und preiswerte Werkzeuge benötigen, werden Sie bald herausfinden, dass diese Ihnen unendliche Gestaltungsmöglichkeiten bieten. Zum Einstieg zeige ich Ihnen 20 Projekte, durch welche Sie Schritt für Schritt von Fotos geleitet werden. Ich hoffe, dass diese Projekte als Brücke zu Ihrer eigenen Fantasie dienen und Ihnen helfen werden, Ihre eigenen Projekte zu entwerfen.

Überall in diesem Buch finden Sie Fotos aus der wunderschönen Gegend, in der ich lebe. (Wenn Sie meine Website www.gennine.com besuchen, können Sie noch mehr davon sehen.) Sie sind meine Inspiration. Ich möchte Sie mit ihnen dazu ermuntern, auf die Schönheit in Ihrer Umgebung zu achten. Ich hoffe, dass dieses Kunsthandwerk Ihnen ebenso viel Freude bereiten wird wie mir!

Geninne D. Zlatkis

Grundlagen

Egal, ob Sie bereits Erfahrung mit dem Stempeln haben oder Anfänger sind, Sie halten dieses Buch in den Händen, weil das Anfertigen von Abdrucken Ihre Fantasie angeregt oder Sie begeistert hat. Dieses Buch soll Sie inspirieren, Ihnen aber auch bei der praktischen Umsetzung dieses wunderbaren Handwerks eine Hilfe sein. Jedes Projekt beginnt mit einer Idee, aber es sind die vom Menschen gehandhabten Werkzeuge, Materialien und Techniken, die ein Projekt zum Leben erwecken.

Aller Anfang ist schwer

Beginnen Sie mit einer einfachen Form, z.B. einem einzelnen Blatt, und arbeiten Sie sich dann zu aufwendigeren Motiven vor. Wenn Sie noch nie einen Stempel geschnitzt haben, wird es ein bisschen dauern, bis Sie mit der Handhabung der Werkzeuge vertraut sind (siehe „Stempel schnitzen und Drucken" auf Seite 16). Bleiben Sie gelassen, während Sie üben, und sehen Sie in allem, was Sie tun, eine Gelegenheit zum Lernen!

Es beginnt mit einer Idee

Die Wahl des Motivs ist vielleicht der schwierigste Teil der Anfertigung eines Stempels. Ich ermutige Künstler dazu, innezuhalten und die Farben und Strukturen ihrer Umgebung auf sich einwirken zu lassen. Die Bereitwilligkeit, aufmerksam Ihre Umgebung wahrzunehmen, ist alles, was Sie brauchen. Je mehr Zeit Sie sich zum Betrachten nehmen, desto einfacher werden Sie es finden, die wunderschönen Ideen zu sehen, die in Ihrer Umgebung auf Sie warten.

Meine eigene Anregung finde ich hauptsächlich beim Beobachten der Natur, während ich mit meinem Hund Turbo spazieren gehe. Ich habe das Glück, in einer Gegend zu leben, die für ihre einzigartige natürliche Schönheit bekannt ist. Aber Sie werden überrascht sein, wie viel Anregung Sie auch mitten in der Stadt oder am Stadtrand finden können. Haben Sie am besten einen Fotoapparat oder einen Skizzenblock zur Hand. Ein Ausflug in den Park oder botanischen Garten, ein Besuch in einem Blumengeschäft oder einfach nur das Betrachten der Blumenkästen und Bäume entlang der Straße wird Ihnen eine Fülle an Ideen für den Start eines Projektes bringen.

Für mich sind auch Bücher eine wunderbare Inspirationsquelle. Wenn ich das Gefühl habe, dass mein Ideenschatz aufgebraucht ist, muss ich nur ein Buch mit altmodischen botanischen Illustrationen in die Hand nehmen, um sofort neue Anregungen zu finden. Auch eine Internetsuche kann Ihnen eine neue Welt voller Ideen eröffnen. Sie können sich die Tier- und Pflanzenwelt Ihrer Gegend anschauen und etwas über diese lernen oder bequem von Ihrem Sessel aus eine botanische Weltreise unternehmen.

Werkzeuge und Materialien

Zum Stempeln benötigen Sie nur wenige, preiswerte Werkzeuge und Materialien. Einige davon befinden sich vielleicht bereits in Ihrer Bastelkiste. Auf Seite 16 finden Sie eine Liste für den Einstieg. Die nachfolgenden Erklärungen werden Sie mit den benötigten Materialien vertraut machen.

VORLAGEN

Für jedes in diesem Buch vorgestellte Projekt finden Sie Vorlagen (Seite 124 bis 131). Ich habe außerdem 50 zusätzliche Motive für Sie zusammengestellt. Sie können diese mit den in den Projekten verwendeten Motiven austauschen oder sie für Ihre eigenen Entwürfe verwenden.

SCHNITZBLÖCKE

Im Handel sind viele Arten von Stempelgummi in Blöcken zum Schnitzen erhältlich. Für die in diesem Buch verwendete Methode benötigen Sie dicke, weiche, weiße Gummiblöcke – dasselbe Material, das auch für weiße Radiergummis verwendet wird. Ich mag diese Blöcke, weil sie so dick sind, dass sie keine zusätzliche Verstärkung auf der Rückseite benötigen und leicht zu greifen sind. Sie können Schnitzblöcke im Online-Handel finden oder auf Radiergummis aus Hobbyfachgeschäften oder Schreibwarenläden zurückgreifen. Von der Verwendung von Linoleumblöcken rate ich ab, weil Sie dafür besondere Farben verwenden müssen und einen Farbroller benötigen, um diese aufzutragen.

Schnitzblöcke aus weichem Gummi

MATERIALIEN ZUM ÜBERTRAGEN

Sie müssen zum Schnitzen den Umriss Ihres Motivs auf den Gummiblock übertragen. Dafür benötigen Sie Transparentpapier, einen weichen Bleistift und ein Falzbein oder einen kleinen Löffel. Pausen Sie das Motiv mit dem Bleistift ab. Die weiche Mine macht es möglich, die Linien leicht auf den Block zu übertragen, wenn Sie die Rückseite des Transparentpapiers mit einem Falzbein oder der Rückseite eines kleinen Löffels rubbeln. Wenn Sie oft mit Papier arbeiten, besitzen Sie vielleicht bereits ein Falzbein.

Ich bevorzuge weiche Bleistifte

Schere

Cutter oder Skalpell

SCHNEIDE- UND SCHNITZWERKZEUGE

Sie sollten immer eine Schere zum Schneiden von Papier oder Stoff zur Hand haben. Außerdem benötigen Sie einen Cutter oder ein Skalpell, um überschüssiges Gummi rund um Ihren Stempel abzuschneiden. So erhalten Sie Drucke mit sauberen Rändern und Sie können ggf. das Gummi in kleinere Blöcke zerteilen.

Vorsicht: Linolschnittmesser sind sehr scharf!

Zum Schnitzen benötigen Sie Werkzeug, das auch für den Linolschnitt verwendet wird. Manche Messer haben austauschbare Klingen, mit denen Sie Linien unterschiedlicher Stärken, von dünn bis dick, schnitzen können. Andere Messer haben fest in den jeweiligen Griff eingesetzte Klingen.

Die verschiedenen Hersteller haben eventuell unterschiedliche Systeme zur Bezeichnung der Stärke ihrer Klingen. In den Anleitungen verwende ich die Klingen Nr. 1, 2 und 5, weil dies die Klingen der Marke meines Linolschnittmessers sind. Mit den feinen Klingen Nr. 1 und 2 schnitze ich dünne Linien und Details. Mit der breiteren, U-förmigen Klinge Nr. 5 entferne ich größere Flächen des Stempels, die nicht mitgedruckt werden sollen. Ersetzen Sie ggf. einfach die in den Anleitungen genannten Klingen mit denjenigen, mit denen Sie die oben beschriebenen Linien erhalten.

STEMPELFARBE

Für alle Projekte in diesem Buch wurden mit säurefreier, dokumentechter Pigmentfarbe getränkte Stempelkissen verwendet. Sie finden diese in einer Vielzahl von Farben im Hobbyfachhandel oder in Schreibwarenläden. Wenn Sie auf Stoff drucken, brauchen Sie speziell für Textilien bestimmte Stempelkissen. Die meisten Stofffarben müssen mit einem Bügeleisen heiß fixiert werden.

Die Tinte einiger Pigment-Stempelkissen, die nicht für Stoff gedacht sind, kann mit dem Bügeleisen dauerhaft fixiert werden, ist aber eventuell nicht farbecht. Bedenken Sie dies, wenn der Stoff gewaschen werden soll. Testen Sie die Farbechtheit mit einem Stoffrest, bevor Sie die Farbe für ein Projekt verwenden.

Stempelkissen sind in verschiedenen Größen und Formen erhältlich. Für die meisten Zwecke ist die übliche rechteckige Form gut geeignet. Kleinere Stempelkissen sind praktisch, wenn Sie einen Tupfen zusätzlicher Farbe auf einen Stempel auftragen möchten.

DRUCKMEDIEN

Das Material, das Sie bedrucken, bestimmt das Aussehen Ihres Abdrucks. Je glatter die Oberfläche, desto besser sind Details zu sehen. Beim Bedrucken einer rauen Oberfläche erhalten Sie einen strukturierteren Abdruck (siehe Abbildung A auf Seite 20). Im Allgemeinen sollten Sie dunklere Farben auf hellen Untergründen und hellere Farben auf dunklen Untergründen verwenden, aber dies ist keine unumstößliche Regel. Experimentieren Sie. Bedenken Sie bei der Auswahl von Papier oder Stoff, dass matte Oberflächen für das Drucken mit Gummistempeln besser geeignet sind als glänzende.

Papier

Verwenden Sie säurefreies, dokumentechtes Papier, damit Ihre Werke Bestand haben. Sie können aber auf so ziemlich jede Art von Papier stempeln. Aquarellpapier mit seinen Ausführungen von glatt bis rau ist ein vielseitig verwendbares, festes Papier. Bei den Projekten kommt so ziemlich jede denkbare Art von Papier zum Einsatz. Achten Sie darauf, dass Sie auch jede Menge Schmierpapier zur Verfügung haben, um Ihre neu geschnitzten Stempel auf einen gleichmäßigen Abdruck hin zu überprüfen.

Stoff

Es ist wichtig, dass Sie Ihre Stoffe vor dem Bestempeln durch Waschen, Trocknen und Bügeln vorbereiten. Da Stoffe manchmal einlaufen, ist es immer ratsam, sie vor dem Nähen zu waschen und zu trocknen. Verwenden Sie zum Stempeln auf Stoff spezielle Stofffarben und befolgen Sie zum Fixieren die Anleitung des Herstellers.

Gestrichene und andere Oberflächen

Es bestehen kaum Einschränkungen bei den Materialien, die Sie bestempeln können. Die wichtigste Regel ist jedoch, dass die Oberfläche vor dem Drucken vollständig trocken und frei von Staub und Schmutz sein muss. Dies gilt unabhängig vom Material.

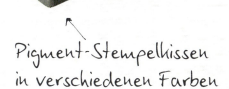

Pigment-Stempelkissen in verschiedenen Farben

Stoffmalfarbe

Blick fürs Detail

Wenn Sie Ihrem Abdruck Details hinzufügen möchten, können Sie Farbe und einen Pinsel verwenden. Auf Papier und anderen nicht textilen Medien eignen sich flüssige Acrylfarbe, Wasserfarben oder auch schillernde, metallische oder dreidimensionale Bastelfarbe. Wenn Sie Abdrucke auf Stoff bearbeiten, nehmen Sie Stofffarben, um ihnen das gewisse Etwas zu verleihen.

Zurück in die Vergangenheit

Ich verwende gerne Sammlerstücke aus Papier, sogenannte Ephemera, in meinen Projekten. Mit diesen kleinen Teilen können Sie Ihren Werken Charakter verleihen und andere Zeiten und Orte heraufbeschwören, vom viktorianischen Zeitalter bis zum Retro-Look. Sie sind wunderbare Medien zum Bestempeln. Halten Sie Ausschau nach alten Postkarten, Anhängern oder Geschenkpapierresten. Sie finden diese auf Flohmärkten oder vielleicht sogar im Haus Ihrer Großmutter. Viele Händler verkaufen Ephemera auch online, sodass sie nur einen Klick von Ihnen entfernt sind.

KLEBSTOFF

Verwenden Sie Polyvinylacetat-Kleber (PVA-Kleber, auch Bastel- oder Buchbinderkleber genannt) zum Kleben von Papier. Vermeiden Sie Falten, indem Sie ein hochwertiges Produkt wählen, das speziell für Buchbinder hergestellt wird und im Kunst- oder Hobbyfachhandel erhältlich ist.

SONSTIGES ZUBEHÖR

Sie können Ihre gestempelten Motive auch mit Verzierungen bereichern. Stickereien, Perlen, Anhänger und verschiedene Kordeln sind charmante Details.

Nähmaschine

Für einige Projekte, z. B. den Kannenwärmer (Seite 82) und das Kissen (Seite 94), benötigen Sie eine Nähmaschine. Diese Projekte erfordern jedoch keine komplizierten Techniken und sind auch für Anfänger gut geeignet.

Stickgarn und -nadeln

Stickereien geben einem gestempelten Motiv Struktur – nicht nur auf Stoff, sondern auch auf Papier. Verwenden Sie für bessere Ergebnisse beim Besticken von Stoff einen Stickrahmen. Eine Anleitung für die bei den Projekten verwendeten Stickstiche finden Sie auf Seite 27.

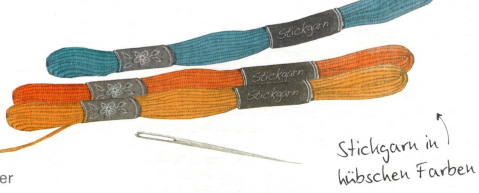
↑ PVA-Kleber oder Bastelkleber

Stickgarn in hübschen Farben

Perlen und Anhänger

Sie können Ihren Motiven auch Perlen hinzufügen. Aufgenähte kleine Rocailles bringen Motive zur Geltung, und ein strategisch befestigter Anhänger kann das i-Tüpfelchen Ihres Projekts sein.

Kordeln

Manchmal möchten Sie alles noch verschnüren. Kordeln, Schnüre, Kunstsehnen oder Bast geben Ihrem Projekt den letzten Schliff.

Techniken

Hier finden Sie alles, was Sie über das Anfertigen Ihrer eigenen Stempel, den perfekten Abdruck, die Techniken zum Umsetzen grundlegender Design-Prinzipien für das Stempeln und die Handstickerei zur Verzierung wissen müssen.

STEMPEL SCHNITZEN UND DRUCKEN

Befolgen Sie diese Schritte und Sie können nichts falsch machen! Lesen Sie bei Bedarf in diesem Abschnitt nach, während Sie die einzelnen Projekte nacharbeiten. Lassen Sie sich Zeit zum Üben. Es kann etwas dauern, bis Sie mit den Werkzeugen und den Schnitztechniken vertraut sind. Sobald Sie diese fundamentalen Fähigkeiten beherrschen, können Sie loslegen.

Benötigte Materialien

Bevor Sie anfangen, bereiten Sie Ihre Werkzeuge und Materialien vor. Die nachfolgende Liste zeigt die wesentlichen Dinge, die Sie zum Anfertigen der Projekte benötigen. In den Anleitungen der einzelnen Projekte sind alle zusätzlichen Werkzeuge und Materialien angegeben, die eventuell für das Fertigstellen des entsprechenden Projektes erforderlich sind.

- Transparentpapier
- weicher Bleistift – ein normaler HB-Bleistift ist für diese Arbeit gut geeignet
- Falzbein oder kleiner Löffel
- Schnitzblöcke aus Gummi oder weiße Radiergummis
- Linolschnittmesser mit den Klingen Nr. 1, 2 und 5
- Cutter oder Skalpell
- Stempelkissen

So gehen Sie im Allgemeinen vor

① Wählen Sie ein Bild aus, das Ihnen gefällt – z. B. aus Büchern, Zeitschriften oder Ihren eigenen Fotos oder Zeichnungen. Dieses Buch enthält auch Vorlagen für alle bei den Projekten verwendeten Motive. Pausen Sie mithilfe von Transparentpapier und einem weichen Bleistift die Umrisse des Bildes oder der Vorlage ab (**A**).

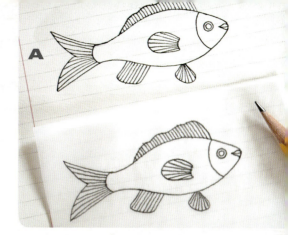

② Färben Sie nach Wunsch den Schnitzblock mit Stempelfarbe, bevor Sie die Zeichnung übertragen. *Hinweis:* Ich habe diese hilfreiche Methode in einem japanischen Bastelbuch gefunden. Die farbige Oberfläche macht es einfacher, die bereits geschnitzten Bereiche zu sehen. Legen Sie den Block auf die Arbeitsfläche und tragen Sie die Farbe mit dem umgedrehten Stempelkissen auf. Dazu mit dem Stempelkissen leicht auf den Block klopfen, bis dieser vollständig mit Farbe bedeckt ist. Etwa 15 Minuten trocknen lassen, dann den Block unter fließendem Wasser mit etwas pH-neutraler Seife abwaschen. Die Oberfläche ist nun dauerhaft gefärbt und hinterlässt keine Flecken. Den Block mit einem Handtuch trocken tupfen (**B**).

③ Legen Sie das abgepauste Bild mit den Bleistiftlinien nach unten auf den Schnitzblock und halten Sie es mit einer Hand fest. Die Rückseite des Papiers mit dem Falzbein oder der Rückseite eines kleinen Löffels rubbeln und dabei darauf achten, dass das Papier nicht verrutscht. Mit festem und gleichmäßigem Druck arbeiten, bis alle Linien übertragen wurden. Anschließend eine Ecke des Papiers festhalten und den Rest vorsichtig anheben, um zu überprüfen, ob das gesamte Motiv auf den Block übertragen wurde. Ist dies nicht der Fall, legen Sie das Papier wieder auf den Block und rubbeln Sie erneut (**C**).

Spiegelverkehrt

Wenn Sie ein Bild mit Transparentpapier auf den Block übertragen, wird es automatisch umgedreht und das fertige Bild erscheint wie in der Vorlage. Wenn Sie hingegen direkt auf den Gummiblock zeichnen, müssen Sie daran denken, dass das geschnitzte Bild spiegelverkehrt ist. Dies ist besonders zu beachten, wenn Sie einen Stempel mit Text schnitzen.

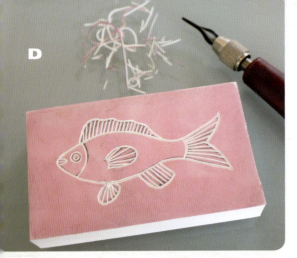

④ Arbeiten Sie die Konturen des Motivs mit dem Linolschnittmesser mit der feinsten Klinge (Nr. 1) heraus. Dabei nicht in den Block stechen. Halten Sie das Messer in einem 30-Grad-Winkel und achten Sie darauf, dass der obere Teil nicht unter die Oberfläche des Gummiblocks sinkt. Verwenden Sie die Klinge fast wie einen Stift, als würden Sie zeichnen. Die Klinge hat eine leichte Wölbung, die wie ein Löffel zum Entfernen des Gummis verwendet werden sollte (**D**).

Vorsicht!

Schnitzen Sie immer von sich weg und denken Sie daran, dass die Klingen sehr scharf sind. Wenn Sie die Schnitzrichtung ändern müssen, drehen Sie den Block, sodass Sie weiterhin von sich weg schnitzen können.
Tipp: Ich lege gerne ein Stück Transparentpapier unter den Schnitzblock, sodass dieser sich leichter bewegen lässt.

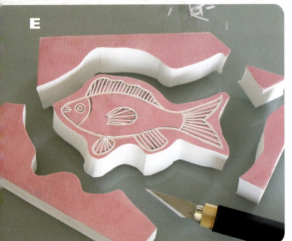

⑤ Nach dem Herausarbeiten der Konturen schneiden Sie mit dem Cutter oder dem Skalpell den Umriss aus. Präzision ist wichtig! Mit scharfen, sauberen Kanten erhalten Sie klare Abdrücke. Entfernen Sie das überschüssige Gummi (**E**).

⑥ Mit dem Linolschnittmesser mit der breiteren Klinge (Nr. 5) den Rand um das Motiv herum auszuschnitzen und säubern. Dann mit Klinge Nr. 1 die Ecken und Winkel säubern. (**F**).

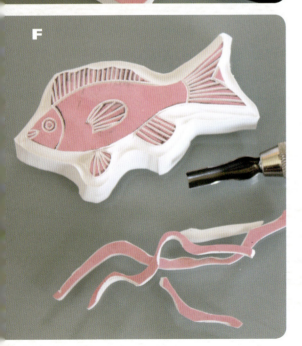

⑦ Nach dem Schnitzen den Stempel mit warmem Wasser und pH-neutraler Seife abwaschen, um alle Gummireste zu entfernen. Den Stempel trocken tupfen und einige Minuten an der Luft trocknen lassen.

⑧ Zum Auftragen der Farbe den Stempel mit dem Motiv nach oben auf die Arbeitsfläche legen. Mit dem umgedrehten Stempelkissen leicht auf den Stempel klopfen, bis dieser vollständig und gleichmäßig mit Farbe bedeckt ist. **Hinweis:** Dies ist meine bevorzugte Methode für große Stempel. Kleine Stempel können Sie direkt auf das Stempelkissen drücken.

⑨ Machen Sie mehrere Abdrucke auf weißem Papier. Üben Sie das feste, gleichmäßige Aufdrücken des Stempels, um die einheitliche Übertragung des Motivs sicherzustellen. Wenn Sie vergessen haben, Teile des Stempels auszuschnitzen, wird dies nun sichtbar und Sie können die entsprechenden Korrekturen vornehmen (**G**).

⑩ Wenn Sie mit dem Ergebnis zufrieden sind, säubern Sie Ihre Arbeitsfläche von eventuellen Verschmutzungen oder Schnitzresten, die die Qualität der Abdrucke beeinträchtigen könnten. Das Papier hinlegen und prüfen, dass es flach liegt. Den Stempel fest und gleichmäßig aufdrücken, um den Abdruck zu erhalten.

⑪ Für Farbeffekte tragen Sie die Hauptfarbe auf den Stempel auf und tupfen dann etwas Farbe mit einem Stempelkissen in einer auf die Hauptfarbe abgestimmten Farbe auf den Rand des Stempels. *Hinweis:* Hier habe ich die zweite Farbe auf die Flossen und den Schwanz des Fisches aufgetragen (**H**).

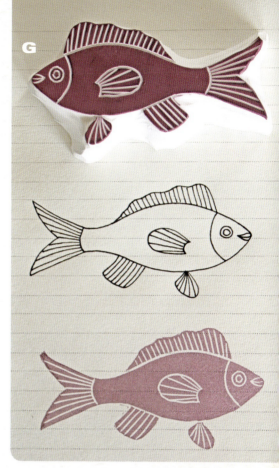

Negativ und Positiv

Es gibt zwei Möglichkeiten, einen Stempel zu schnitzen. Bei der einen entsteht ein negatives Abbild, bei der anderen ein positives. Zum Anfertigen eines negativen Abbildes arbeiten Sie die Linien des Bildes oder der Vorlage heraus und lassen den größten Teil der Oberfläche intakt (siehe Beispiel). **Hinweis:** Dies ist meine bevorzugte Art des Abbildes, weil sie das detailliertere Schnitzen erlaubt. Das Schnitzen ist in diesem Fall auch einfacher, weil Sie hauptsächlich mit der feinen Klinge Nr. 1 arbeiten können, die Sie wie einen Stift zum Zeichnen der Details verwenden. Zum Anfertigen eines positiven Abbildes wird der Großteil der Blockoberfläche herausgearbeitet und es bleibt nur der Umriss des Motivs erhalten. Sie können die Unterschiede im nebenstehenden Foto sehen. Der Negativ-Stempel befindet sich in der Mitte. Der Positiv-Stempel und dessen Abdruck sind oben und unten zu sehen. (Weitere Informationen zu Positiv- und Negativ-Stempeln auf Seite 21.)

DESIGN

Jetzt, wo Sie die Grundlagen des Schnitzens und Druckens kennen, können Sie sich den fundamentalen Designtechniken zuwenden. Dieses Thema ist jedoch nahezu unerschöpflich, sodass die folgenden Absätze nur als Startpunkt dienen sollen, von dem aus Sie Ihr Designtalent weiterentwickeln können. Schönheit liegt letztendlich im Auge des Künstlers, mit anderen Worten, Sie müssen selbst entscheiden, was Ihnen gefällt. Um herauszufinden, was für Sie am besten funktioniert, müssen Sie herumspielen – und wer kann dieser Einladung schon widerstehen?

Oberflächenstruktur

Ihr Druckmedium bestimmt die Struktur Ihres Abdrucks. Auf einer rauen Oberfläche (**A**) verlieren Sie eventuell Details Ihres geschnitzten Motivs. Andererseits kann die Unebenheit dem Abdruck eine ansprechende Struktur geben, die ihn interessanter macht. Wenn Sie auf einer glatten Oberfläche drucken (**B**), sind die Details schärfer, was dem Abdruck ebenfalls eine Struktur verleiht. Wenn Sie eine angedeutete Hintergrundmusterung erhalten möchten, verwenden Sie Ihr Stempelkissen als Stempel. Übertragen Sie die Farbe mit wenig Druck direkt auf das Papier, bevor Sie Ihr Motiv stempeln (**C**).

Wiederholung

Wenn Sie merken, dass beim Stempeln Wiederholung niemals langweilig ist, eröffnet sich Ihnen eine ganze Welt von Designmöglichkeiten. Das offensichtlichste Konzept ist, dass keine zwei Abdrucke gleich sind, auch wenn sie im ersten Moment so aussehen. Der in Abbildung **A** zu sehende Vogel ist mit einer etwas anderen Neigung gestempelt als der in Abbildung **B** gezeigte. Diese einfache Abänderung erlaubt es dem Künstler, einzigartige Werke zu erschaffen. Einige einfache Methoden zum Abwandeln eines Abdrucks sind unterschiedliche Neigungen oder Richtungen beim Stempeln, mehr oder weniger Druck beim Aufsetzen des Stempels und selbstverständlich die Verwendung unterschiedlicher Farben.

Positiver und negativer Raum

Die beim Schnitzen herausgearbeiteten Bereiche nehmen keine Farbe auf und beim Abdrucken bleibt Ihr Druckmedium dort sichtbar. Dies ist der sogenannte negative Raum. Der positive Raum ist der beim Schnitzen intakt gelassene Bereich, der die Farbe bei einem Abdruck aufnimmt. In dem obenstehenden Foto können Sie sehen, wie ich dasselbe Blatt nach beiden Prinzipien geschnitzt habe.

Da das Schnitzen von negativem und positivem Raum zwei verschiedene Wirkungen erzeugt, können Sie dieses Konzept gezielt einsetzen. Nehmen Sie dasselbe Motiv und schnitzen Sie es einmal als positives und einmal als negatives Abbild. Setzen Sie die Stempel dann abwechselnd ein, um ein interessantes Bild zu erhalten.

Muster und Rhythmus

Muster können als Hintergrund eingesetzt ein gestempeltes Motiv bereichern oder auch alleine verwendet werden. Ich nehme oft den Radiergummi eines Bleistifts, um ein Punktmuster zu erzeugen (**A**).

Hinweis: Sie können einem gestempelten Muster Rhythmus geben, indem Sie beim wiederholten Stempeln den Druck von leicht bis stark variieren. Ich verwende auch die Spitze eines Druckbleistifts, um Löcher in die Oberfläche eines Gummischnitzblocks zu bohren (**B**). Nachdem Sie Ihr Muster gestempelt haben, können Sie Ihr Motiv darüber stempeln (**C**).

Linien

Unterschätzen Sie niemals die Macht einer Linie. Egal, ob Sie sie überkreuzen, diagonal schnitzen oder lieber schnörkelig oder gewellt mögen, Linien sind eigenständige Designelemente (**D**). Experimentieren Sie beim Schnitzen von Linien mit unterschiedlich großen Klingen. Eine Reihe zufällig eingeschnittener kurzer Linien ist eine tolle Hintergrundmusterung, die Sie immer wieder einsetzen können.

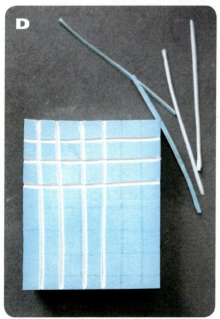

A

B

C

D

Bildgestaltung

Alles zusammenbringen – das ist genau das, was Sie tun, wenn Sie mit verschiedenen Stempeln ein Bild entwerfen. Am einfachsten beginnen Sie mit Stempeln, deren Motive alle zu einem Thema gehören (**A**). Diese sind schon hübsch, wenn sie alleine gestempelt werden, aber Sie können sie noch viel abwechslungsreicher einsetzen (**B**). Verbinden Sie zwei oder mehr Stempel zu einem neuen Motiv (**C**). Probieren Sie dann aus, wie dies gestempelt aussieht (**D**). Wenn Sie nur einen einzelnen Stempel verwenden möchten, stempeln Sie diesen abwechselnd aufrecht und auf dem Kopf stehend, um eine interessante Variante zu erhalten (**E**). Beschränken Sie sich nicht darauf, Stempel nebeneinander zu setzen. Sie können Ihre Motive auch übereinander stempeln, wenn Sie ein vertikales Bild erhalten möchten (**F**). Der Schlüssel zum Erfolg ist, so lange mit den Stempeln herumzuspielen, bis Sie genau das gewünschte Bild finden.

Farbe

Farbe als Designelement? Absolut! Sie können das Potential dafür in Abbildung **A** sehen. Hier habe ich einfach eine zweite Farbe hinzugefügt. *Hinweis:* Fertigen Sie einfach einen leeren Stempel in der gewünschten Form an. In Abbildung **B** sehen Sie, dass ich eine separate Blattform ausgeschnitten habe. Zuerst habe ich mein Motiv in einer Farbe gestempelt, dann eine kontrastierende Farbe auf die Form aufgetragen und diese über den entsprechenden Bereich des Abdrucks gestempelt. Probieren Sie verschiedene Farbkombinationen aus, um eine Stimmung, eine Zeit oder einen Ort heraufzubeschwören. Schneller, als Sie denken, haben Sie so vielleicht eine charakteristische Farbpalette entwickelt, für die nur Sie bekannt sind.

HANDGESTICKTE STICHE

Ich verbinde sowohl auf Papier als auch auf Stoff gerne Stickereien mit gestempelten Abdrucken. Dazu benötigen Sie nur einige grundlegende dekorative Stiche. Ich habe außerdem einen Saumstich mit aufgenommen. Mit diesem wird die Außentasche an der bestickten Tragetasche mit dem Kaktus (Seite 78) befestigt und die Vogelbrosche (Seite 86) geschlossen. Wenn Sie bereits sticken können, sollten Sie die Ihnen bekannten Stiche kreativ verwenden, um Ihre Abdrucke beliebig zu verzieren.

Gerade Stiche und Heftstiche

Führen Sie die Nadel in gleichmäßigen Abständen durch den Stoff (**A**). Mehrere gerade Stiche hintereinander werden als Heftstiche bezeichnet.

Knötchenstich

Dieser kleine Knoten macht Ihr gestempeltes Motiv interessanter und gibt ihm Struktur (**B**).

Saumstich

Verknoten Sie ein Ende des Fadens, um diesen im Stoff zu verankern. Machen Sie einen kleinen Stich durch die Bruchkante und ziehen Sie die Nadel durch. Auf der anderen Seite des Saums direkt gegenüber dem ersten Stich in den Stoff stechen und einen Stich durch die Bruchkante machen (**C**). Den Vorgang wiederholen.

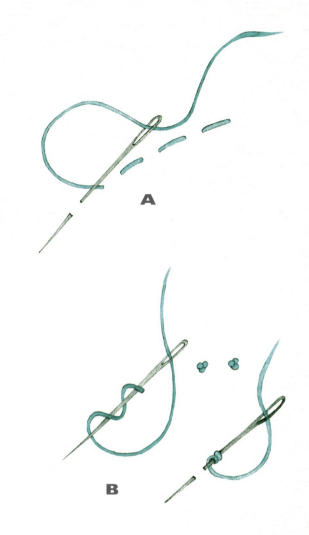

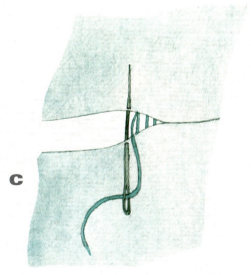

inspiration

Gehen Sie mit offenen Augen und einem Fotoapparat oder Skizzenblock spazieren. Sobald Sie der Natur um sich herum Beachtung schenken, werden Sie unweigerlich Anregungen finden. Halten Sie Ausschau nach interessanten Formen, Strukturen, Mustern und Farbkombinationen. Egal, ob Sie in der Stadt oder auf dem Land leben: Ein langer Spaziergang wird Ihre Kreativität beflügeln.

Stempeln auf Papier

Radiergummi-Stempel

Mit Radiergummis können Sie winzige Motive anfertigen, die Sie immer wieder einsetzen können. Stempeln Sie Ihre Motive auf unbedruckte Aufkleber und verwenden Sie diese, um Briefe zu versiegeln oder eingepackte Geschenke zu verzieren.

Sie brauchen

- Transparentpapier
- weicher Bleistift
- Falzbein oder kleiner Löffel
- Radiergummis in Weiß
- Linolschnittmesser mit Klingen Nr. 1 und 5
- Cutter oder Skalpell
- Stempelkissen in beliebigen Farben
- Bögen mit unbedruckten, runden Aufklebern in verschiedenen Größen

Und so geht's

① Ein Motiv von den Vorlagen auf Seite 124 abpausen und auf den Radiergummi übertragen (Seite 17). *Tipp:* Das Skizzieren nach der Natur inspiriert mich und kann auch Ihnen Anregung bieten (**A**). Versuchen Sie, Ihre eigenen Motive zu entwerfen – Sie brauchen dazu nur etwas Zeit, ein Stück Papier und einen Bleistift.

② Schnitzen Sie den Stempel aus dem Radiergummi aus. *Hinweis:* Sie müssen alle weißen Flächen herausarbeiten. Verwenden Sie für die feinen Linien Ihr Messer wie einen Stift. Den fertig geschnitzten Stempel mit warmem Wasser und pH-neutraler Seife waschen und an der Luft trocknen lassen.

③ Probieren Sie den Stempel vorab auf Schmierpapier aus. Üben Sie das feste, gleichmäßige Aufdrücken des Stempels, um einen einheitlichen Abdruck sicherzustellen.

Den Stempel zum Auftragen der Farbe leicht auf das Stempelkissen tupfen und dann auf das Papier drücken.

TIPP: Nehmen Sie Stempelkissen in verschiedenen Farben, um Ihre Motive auf die Aufkleber zu stempeln. Die Aufkleber vor der Verwendung vollständig trocknen lassen.

Geschenkanhänger

Wenn Sie gerne Geschenke machen, dann können Sie nie genug Geschenkanhänger haben, um Ihren schön verpackten Präsenten den letzten Schliff zu geben.

Sie brauchen

- Transparentpapier
- weicher Bleistift
- Falzbein oder kleiner Löffel
- Gummischnitzblock oder Radiergummis in Weiß
- Linolschnittmesser mit Klingen Nr. 1 und 5
- Cutter oder Skalpell
- Stempelkissen in beliebigen Farben
- Blanko-Geschenkanhänger oder dekorative Papiere

Und so geht's

① Ein Motiv von den Vorlagen auf Seite 124 abpausen und auf den Schnitzblock oder den Radiergummi übertragen (Seite 17).

② Schnitzen Sie den Stempel aus dem Block oder Gummi aus. Verwenden Sie für die feinen Linien Ihr Messer wie einen Stift. Den fertig geschnitzten Stempel mit warmem Wasser und pH-neutraler Seife waschen und trocknen lassen.

③ Probieren Sie den Stempel vorab auf Schmierpapier aus. Üben Sie das feste, gleichmäßige Aufdrücken des Stempels, um einen einheitlichen Abdruck sicherzustellen. Den Stempel zum Auftragen der Farbe leicht auf das Stempelkissen tupfen und dann auf das Papier drücken.

④ Nehmen Sie Stempelkissen in verschiedenen Farben. Die Anhänger vor der Verwendung vollständig trocknen lassen (**A**).

TIPP: Sie können für Ihre eigenen Anhänger auch Zeitungspapier, Müslipackungen oder Packpapier recyceln. Einfach die Form eines Anhängers ausschneiden und mit einem Locher ein Loch einstanzen. Im Bastelfachhandel gibt es aber auch tolle Stanzer für Anhänger.

Briefpapier

Obwohl wir im Zeitalter von SMS, Tweets und E-Mail leben, sind handgeschriebene Briefe noch nicht aus der Mode gekommen. Nichts bereichert eine persönliche Nachricht so sehr, wie hübsch bestempeltes Briefpapier.

Sie brauchen

- Transparentpapier
- weicher Bleistift
- Falzbein oder kleiner Löffel
- Gummi-Schnitzblöcke
- Linolschnittmesser mit Klingen Nr. 1 und 5
- Cutter oder Skalpell
- Stempelkissen in beliebigen Farben
- verschiedene Papiere wie Briefbögen, Umschläge und Karten

Und so geht's

① Die Blüte und die Mitte der Blüte separat von der Vorlage auf Seite 126 abpausen (**A**) und auf die Schnitzblöcke übertragen (Seite 17).

② Schnitzen Sie die Stempel aus den Blöcken aus. Verwenden Sie für die feinen Linien Ihr Messer wie einen Stift. Die Stempel mit warmem Wasser und pH-neutraler Seife waschen und trocknen lassen.

③ Probieren Sie den Stempel vorab auf Schmierpapier aus. Üben Sie das feste, gleichmäßige Aufdrücken, um einen einheitlichen Abdruck sicherzustellen. Bei größeren Stempeln lege ich den Stempel mit dem Motiv nach oben auf den Tisch und trage die Farbe auf, indem ich das Stempelkissen gleichmäßig auf den Stempel tupfe.

④ Wenn Sie nur einen Teilabdruck Ihres Blütenmotivs anfertigen möchten, legen Sie das zu bestempelnde Papier auf ein größeres Stück Papier und drücken Sie den Stempel so auf, dass sich nur ein Teil des Motivs auf dem Briefpapier befindet.

⑤ Sie können mit dem kleinen, runden Stempel auch alleine interessante Muster fertigen.

A

TIPP: Wirklich Spaß macht das Stempeln, wenn Sie einfach nur herumspielen. Nachdem Sie Ihre Stempel geschnitzt haben, probieren Sie verschiedene Farbkombinationen, Teilabdrucke oder kleinere Motive aus, um neue Designs zu entwerfen.

Exlibris

Das perfekte Geschenk für alle Bücherwürmer. Leseratten freuen sich über besondere Exlibris für ihre Bibliothek. Lassen Sie etwas Platz auf dem Abdruck für die Beschriftung.

Sie brauchen

- Transparentpapier
- weicher Bleistift
- Falzbein oder kleiner Löffel
- Gummi-Schnitzblock
- Linolschnittmesser mit Klingen Nr. 1 und 5
- Cutter oder Skalpell
- Stempelkissen in Schwarz und Dunkelbraun
- säurefreies Papier mit glatter Oberfläche in verschiedenen Farben
- PVA-Kleber

Und so geht's

① Das Motiv von der Vorlage auf Seite 124 abpausen und auf den Schnitzblock übertragen (Seite 17).

② Schnitzen Sie den Stempel aus. Verwenden Sie für die feinen Linien Ihr Messer wie einen Stift. Den fertig geschnitzten Stempel mit warmem Wasser und pH-neutraler Seife waschen und trocknen lassen (**A**).

③ Probieren Sie den Stempel vorab auf Schmierpapier aus. Üben Sie das feste, gleichmäßige Aufdrücken, um einen einheitlichen Abdruck sicherzustellen. Bei größeren Stempeln lege ich den Stempel mit dem Motiv nach oben auf den Tisch und tupfe die Farbe gleichmäßig mit dem Stempelkissen auf den Stempel auf.

④ Schneiden Sie das Papier auf die richtige Größe zu. *Tipp:* Es kann hilfreich sein, den Schnitzblock auf ein Buch zu legen, um zu sehen, wie viel Rand Sie um das Motiv herum lassen möchten (**B**).

⑤ Fertigen Sie mit schwarzer und dunkelbrauner Farbe mehrere Abdrucke auf dem zurechtgeschnittenen Papier an. Die Farbe vollständig trocknen lassen.

⑥ Kleben Sie das Exlibris mit PVA-Kleber in das Buch und schreiben Sie Ihren Namen in den Bereich unter dem Vogel.

TIPP: Das Schöne am Stempeln ist, dass Sie das Motiv so oft verwenden können, wie Sie möchten. Dies ist ideal, wenn Sie Geschenke für viele Leute benötigen. Stempeln Sie viele Exemplare des Exlibris und fertigen Sie dann für jeden Satz einen kleinen Umschlag an.

EXLIBRIS

Geschenkpapier

Ein paar Stempel in verschiedenen Formen und Größen bieten unendliche Möglichkeiten für selbst gemachtes Geschenkpapier. Wählen Sie ein Thema aus und legen Sie los. Ich habe für dieses Projekt Pilze gewählt, aber auch Vögel, Blumen oder Blätter sehen sehr schön aus.

Sie brauchen

- Transparentpapier
- weicher Bleistift
- Falzbein oder kleiner Löffel
- Gummi-Schnitzblöcke
- Linolschnittmesser mit Klingen Nr. 1 und 5
- Cutter oder Skalpell
- Stempelkissen in Weiß
- Papier in beliebigen Farben
- Papier in kontrastierender Farbe
- Jutegarn
- bestempelte Geschenkanhänger

Und so geht's

① Die Pilze von der Vorlage auf Seite 126 abpausen und auf die Schnitzblöcke übertragen (Seite 17).

② Schnitzen Sie die Stempel. Um saubere Abdrucke zu erhalten, das überschüssige Gummi an den Rändern abschneiden. Die fertig geschnitzten Stempel mit warmem Wasser und pH-neutraler Seife waschen und trocknen lassen.

③ Probieren Sie den Stempel vorab auf Schmierpapier aus. Üben Sie das feste, gleichmäßige Aufdrücken, um einen einheitlichen Abdruck sicherzustellen (**A**). Bei größeren Motiven den Stempel mit dem Motiv nach oben auf den Tisch legen und die Farbe gleichmäßig mit dem Stempelkissen auftupfen.

GESCHENKPAPIER

47

4. Stempeln Sie ein Muster auf einen einfarbigen Papierbogen. Dazu nur den großen Pilzstempel nehmen und nach Bedarf neue Farbe auftragen. Trocknen lassen (**B**).

5. Gestalten Sie auf einem neuen Papierbogen ein anderes Muster, indem Sie erst den großen Pilz aufstempeln und dann die Zwischenräume mit den kleineren Pilzstempeln füllen. Trocknen lassen (**C**).

6. Die Geschenke mit dem bestempelten Papier einpacken und evtl. mit einem Papierstreifen in einer kontrastierenden Farbe verzieren. Zur Vollendung Jutegarn umbinden und bestempelte Geschenkanhänger anbringen (**D**).

TIPP: Ein Geschenkanhänger ist ideal, um einem Geschenk den letzten Schliff zu geben. Wenn Sie „auf Vorrat" einige Stempel für die Anhänger anfertigen, können Sie diese nach Bedarf drucken und dabei zu Ihrem Geschenkpapier passende Farben und Motive verwenden.

Bilderrahmen

Stellen Sie in diesen bestempelten Rahmen Fotos oder Kunstwerke zur Schau. Sie können dafür entweder fertige Passepartouts kaufen oder diese selber machen.

Sie brauchen

- Transparentpapier
- weicher Bleistift
- Falzbein oder kleiner Löffel
- Gummi-Schnitzblöcke oder Radiergummis in Weiß
- Linolschnittmesser mit Klingen Nr. 1 und 5
- Cutter oder Skalpell
- Stempelkissen in beliebigen Farben
- Passepartouts, Ephemera, festes dekoratives Papier oder Karton in Schwarz
- Vintage-Ephemera (optional)
- evtl. Eckenrunder

Und so geht's

① Die Motive von der Vorlage auf Seite 125 abpausen und auf den Schnitzblock oder einzelne Radiergummis übertragen (Seite 17) (**A**).

② Schnitzen Sie die Stempel aus. *Hinweis:* Sie können auf einem Block mehrere Stempel fertigen und diese dann auseinanderschneiden, sodass Sie sie miteinander vertauschen können, um unterschiedliche Muster zu gestalten Die Stempel mit warmem Wasser und pH-neutraler Seife waschen und trocknen lassen.

③ Tragen Sie Farbe auf die Stempel auf und probieren Sie den Abdruck auf Schmierpapier aus, bevor Sie die Rahmen bestempeln. Stempeln Sie mit der Eckbordüre das Motiv in die

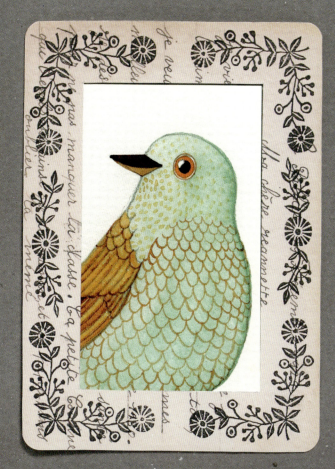

BILDERRAHMEN

Ecken Ihres Passepartouts (**B**) und bestempeln Sie dann die restlichen Bereiche mit den anderen Motiven. *Tipp:* Nehmen Sie für ein schwarzes Passepartout weiße Farbe.

④ Wenn Sie um einen ovalen Ausschnitt herum stempeln, können Sie den Stempel durch leichtes Biegen an die Rundung anpassen. *Hinweis:* Nehmen Sie zum Ausschneiden einer ovalen Öffnung eine ovale Vorlage.

⑤ Nach Wunsch können Sie den bestempelten Rahmen mit alten Ephemera dekorieren. Außerdem können Sie auch die Ecken mit einem speziellen Stanzer abrunden.

TIPP: Wenn Sie Ihren eigenen Rahmen anfertigen, schneiden Sie die Öffnung 6mm kleiner als Ihr Bild aus. Der Rahmen selbst kann so schmal oder breit sein, wie Sie möchten.

Kunstdruck mit Herz

Wenn Ihnen das Schnitzen von Stempeln Spaß macht, werden Sie schon bald eine ansehnliche Stempelsammlung haben. Nehmen Sie sie und fertigen Sie ein Kunstwerk damit. Dieses Herzmotiv ist mit den Stempeln der Projekte in diesem Buch gefertigt.

Sie brauchen

- Packpapier oder Tonpapier, 30,5 cm x 40,5 cm
- weicher Bleistift
- Schere
- Aquarellpapier mit glatter Oberfläche
- mehrere Stempel aus diesem Buch
- Stempelkissen in beliebigen Farben

Und so geht's

① Fertigen Sie eine Vorlage für das Herz an. Dazu das Pack- oder Tonpapier zur Hälfte falten, eine Herzhälfte aufzeichnen und ausschneiden. Das Herz öffnen.

② Legen Sie das Herz mittig auf das Aquarellpapier und zeichnen Sie den Umriss nach. Dabei wenig Druck ausüben, um eine sehr feine, fast unsichtbare Linie zu erhalten (**A**).

③ Füllen Sie die Herzform mithilfe der Stempel und Stempelkissen aus. *Hinweis:* Ich habe zuerst den Schmetterling oben in die Mitte gesetzt und dann mit den anderen Stempeln am Rand entlang gestempelt, bevor ich die Form zur Mitte hin ausgefüllt habe. Nehmen Sie die kleinsten Stempel, um Lücken zu füllen. Durch Abwechseln der Farben erzielen Sie eine ausgeglichene Gesamtwirkung. Das Bild trocknen lassen (**B**).

④ Rahmen Sie Ihr Kunstwerk und hängen Sie es an die Wand, damit alle ihre Freude daran haben können.

TIPP: Sie können auch themenbezogene Kunstwerke erschaffen. Wählen Sie eine Form aus und bestempeln Sie diese mit passenden Motiven. Der einfache Umriss eines Hundes oder einer Katze, der mit entsprechenden Stempeln gefüllt wird, ist ein tolles Geschenk für Tierfreunde. Und warum nicht Blumen oder Vögel für Gärtner? Lassen Sie Ihrer Fantasie freien Lauf!

Leporello-Tagebuch

Bei mir gehen Tagebuchschreiben und Stempeln Hand in Hand. Ein Abdruck kann ein Gefühl, eine Stimmung, eine Beobachtung oder einen Gedanken illustrieren. Dieses leicht zu fertigende Tagebuch ist ideal, um Ihre Erinnerungen festzuhalten.

Sie brauchen

- Transparentpapier
- weicher Bleistift
- Falzbein oder kleiner Löffel
- Gummi-Schnitzblock
- Linolschnittmesser mit Klingen Nr. 1 und 5
- Cutter oder Skalpell
- Stempelkissen in beliebiger Farbe
- Aquarellpapier, 5 cm x 5 cm
- handgeschöpftes Papier in beliebiger Farbe
- preiswerter flacher Pinsel
- PVA-Kleber
- Buchbinderpappe, 2 x 12,7 cm x 12,7 cm
- langer Papierstreifen, 12,7 cm breit
- Bindfaden aus Naturmaterial, 2 x 50,8 cm lang
- handgeschöpftes Papier, 2 x 12,7 cm x 12,7 cm
- evtl. Keramik- oder Metallanhänger

Und so geht's

① Das Motiv mit dem weichen Bleistift von der Vorlage auf Seite 124 abpausen und dann auf den Schnitzblock übertragen (Seite 17) (**A**).

② Schnitzen Sie den Stempel aus dem Schnitzblock aus (**B**). Den Stempel mit warmem Wasser und pH-neutraler Seife waschen und trocknen lassen.

LEPORELLO-TAGEBUCH

③ Das Motiv mit der gewünschten Farbe auf das 5 cm x 5 cm große Stück Aquarellpapier stempeln (**C**) und dieses beiseite legen.

④ Das handgeschöpfte Papier mit der Rückseite nach oben auf eine saubere, flache Oberfläche legen. Die beiden quadratischen Stücke Buchbinderpappe jeweils auf einer Seite mit PVA-Kleber bestreichen (**D**).

⑤ Legen Sie die beiden mit Klebstoff bestrichenen Quadrate auf das handgeschöpfte Papier und lassen Sie dabei einen 2,5 cm breiten Rand um jede Pappe herum (**E**).

⑥ Die Buchdeckel mit einer scharfen Schere oder Cutter so ausschneiden, dass der 2,5 cm breite Rand um jedes der beiden beklebten Stücke erhalten bleibt. Das Papier an den Ecken diagonal abschneiden (**F**).

⑦ Die Papierränder gleichmäßig mit PVA-Kleber bestreichen (**G**), über die Pappe falten und mit dem Falzbein bzw. Löffel faltenfrei festdrücken (**H**).

⑧ An jedem Ende des langen Papierstreifens einen 5 cm breiten Rand umfalten (**I**). Den Streifen dann wie eine Ziehharmonika falten, sodass jede Seite ein Quadrat von 12,7 cm x 12,7 cm bildet (**J**).

TIPP: Verwenden Sie das Tagebuch als Verzeichnis aller Ihrer Stempel. Denken Sie daran, die Seiten zu datieren.

⑨ Die Ränder am Ende des gefalteten Heftes an jeweils einen der Deckel kleben.

⑩ Legen Sie ein Stück Bindfaden waagerecht in die Mitte jedes Deckels und kleben Sie es fest (**K**). Kleben Sie dann ein quadratisches Stück handgeschöpftes Papier von 12,7 cm x 12,7 cm auf jeden Deckel, sodass der Rand des Papierstreifens und der Faden verdeckt sind.

⑪ Das in Schritt 3 angefertigte bestempelte Stück Aquarellpapier in die Mitte des Deckels des Tagebuchs kleben. Den Bindfaden um das Tagebuch wickeln, um dieses zu verschließen. Wenn Sie möchten, können Sie einen Keramik- oder Metallanhänger an dem Faden befestigen, um das gestempelte Motiv zu bereichern (**L**).

Bestickte Karten

Stickereien auf Karten eröffnen Ihnen eine ganz neue Welt. Dank des plastischen Effekts springen die Designelement ins Auge. Mit wenig Aufwand wird eine große Wirkung erzielt. Die Möglichkeiten sind so endlos wie die Vielfalt der erhältlichen Farben. Spezialgarne mit metallischen oder fluoreszierenden Fasern sind ideal für Weihnachtskarten.

Sie brauchen

- Transparentpapier
- weicher Bleistift
- Falzbein oder kleiner Löffel
- Gummi-Schnitzblock
- Linolschnittmesser mit Klingen Nr. 1 und 5
- Cutter oder Skalpell
- Stempelkissen in beliebigen Farben
- Schmierpapier
- Seiten aus alten Büchern
- PVA-Kleber
- vorgefertigte Karten
- evtl. Nähmaschine
- dünne Pappe
- Leichtschaumplatte oder Wellpappe
- Sticknadel
- Stickgarn in beliebigen Farben

Und so geht's

① Die kleine Stadt von der Vorlage auf Seite 125 abpausen (**A**) und auf den Schnitzblock übertragen (Seite 17).

② Schnitzen Sie den Stempel aus. Verwenden Sie die feinste Klinge (Nr. 1), um die Linien herauszuarbeiten. Den Stempel mit Wasser und pH-neutraler Seife waschen und trocknen lassen.

③ Probieren Sie den Stempel auf Schmierpapier aus. Üben Sie das feste und gleichmäßige Aufdrücken, um einen einheitlichen Abdruck sicherzustellen.

④ Tragen Sie Farbe auf und drücken Sie den Stempel gleichmäßig auf eine alte Buchseite, sodass das gesamte Motiv übertragen wird (**B**). Bei größeren Motiven den Stempel mit dem Motiv nach oben auf den Tisch legen und die Farbe gleichmäßig mit dem Stempelkissen auftupfen. Den Abdruck ausschneiden und dabei an allen Seiten einen 1,3 cm breiten Rand lassen.

⑤ Den Abdruck mit dem Kleber auf die Vorderseite einer vorgefertigten Karte kleben.
Hinweis: Für dieses Projekt habe ich meine Nähmaschine benutzt und eine gerade Naht rund um den Abdruck genäht (**C**).

⑥ Bereiten Sie das Muster für die Sticklöcher vor. Zeichnen Sie das Stickmotiv auf das kleine Stück Pappe. Legen Sie es auf die Wellpappe oder die Leichtschaumplatte und stechen Sie mit der Sticknadel die Löcher durch die Pappe.

⑦ Die Karte öffnen und mit der Vorderseite auf die Wellpappe oder Leichtschaumplatte legen. Die Pappe auflegen (**D**) und mit der Sticknadel die Sticklöcher durch die Karte stechen. Das Muster eventuell auf der Karte neu positionieren, um alle Löcher zu stechen.

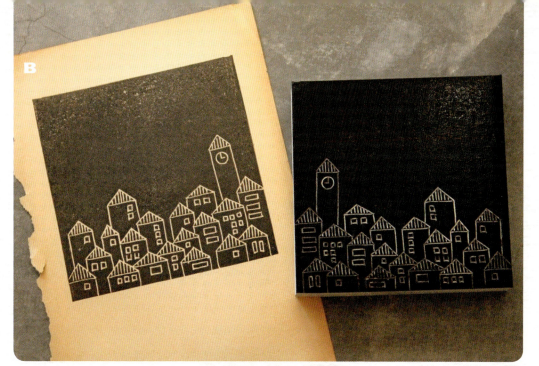

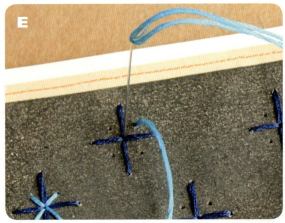
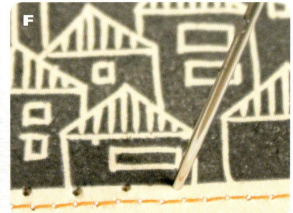

⑧ Verwenden Sie das Stickgarn und die Sticknadel, um mithilfe der Löcher Ihr Motiv zu sticken (**E**).

⑨ Stechen Sie rund um den Abdruck herum Löcher für die Nähte vor (**F**).

⑩ Mit Stickgarn und Sticknadel einen Rahmen um den Abdruck herum sticken (**G**).

TIPP: Probieren Sie zum Verzieren des Himmels verschiedene Motive aus. Sterne, Wolken, Regen, Sonne oder Vögel zählen zu den beliebtesten Möglichkeiten. Nehmen Sie dunkle Stempelfarbe für einen Nacht- oder Sturmhimmel und hellere Farben für einen Tageslichteffekt.

Schmetterlingspost

Dieser Schmetterling sieht aus, als käme er direkt aus dem Schaukasten eines viktorianischen Sammlers. Malen Sie den Abdruck nach dem Stempeln von Hand mit Wasserfarben aus. Beim Durchblättern eines Schmetterlingsbuchs werden Sie viele Anregungen finden.

Sie brauchen

- Transparentpapier
- weicher Bleistift
- Falzbein oder kleiner Löffel
- Gummi-Schnitzblock
- Linolschnittmesser mit Klingen Nr. 1 und 5
- Cutter oder Skalpell
- Stempelkissen in Schwarz oder Dunkelbraun
- Aquarellpapier mit glatter Oberfläche
- Wasserfarben
- runder Pinsel mittlerer Stärke
- abgestempelte alte Postkarten
- PVA-Kleber

Und so geht's

① Das Motiv mit dem weichen Bleistift von der Vorlage auf Seite 125 abpausen und mit dem Falzbein bzw. dem Löffel auf den Schnitzblock übertragen (Seite 17) (**A**).

② Schnitzen Sie den Stempel mit dem Linolschnittmesser aus dem Schnitzblock aus. Bedenken Sie dabei, dass Sie die weißen Flächen herausarbeiten und die schwarzen Linien stehen lassen

müssen. Den fertigen Stempel mit Wasser und pH-neutraler Seife waschen und trocknen lassen (**B**).

③ Probieren Sie den Stempel vorab auf Schmierpapier aus. Üben Sie das feste, gleichmäßige Aufdrücken, um einen einheitlichen Abdruck sicherzustellen. Für den Farbauftrag den Stempel mit dem Motiv nach oben auf den Tisch legen und das Stempelkissen gleichmäßig auf den Stempel tupfen.

④ Stempeln Sie den Schmetterling mit schwarzer oder brauner Farbe auf das Aquarellpapier. Trocknen lassen (**C**).

⑤ Alle weißen Bereiche des Schmetterlings mit Wasserfarben ausmalen. Lassen Sie jede Farbe trocknen, bevor Sie die nächste auftragen. Stempeln Sie mehrere Schmetterlinge und malen Sie jeden anders aus. Lassen Sie vielleicht sogar die Realität außer Acht und färben Sie ein paar Schmetterlinge mit reinen Fantasiefarben (**D**).

⑥ Erzeugen Sie einen 3-D-Effekt, indem Sie einen Ihrer fertigen Schmetterlinge ausschneiden und beide Flügel entlang seines Körpers falten. Die Unterseite des Körpers auf eine alte Postkarte kleben (**E**).

TIPP: Sie können Ihren Schmetterling auch in einem Schaukasten befestigen. Streichen Sie eine alte Schachtel an und stecken Sie den Schmetterling darin fest. (Kleine Geschenkschachteln mit durchsichtigem Deckel sind ideal.) Vergessen Sie nicht, ein kleines Etikett mit einem erfundenen wissenschaftlichen Namen anzufertigen und dieses in der Schachtel anzubringen.

Gartentagebuch

Ein Gartentagebuch hilft mir, die banalsten Arbeiten im Auge zu behalten. Und es ist auch Nahrung für meine Seele. Die darin festgehaltenen Gedanken des Sommers halten mich den ganzen Winter lang warm.

Sie brauchen

- Transparentpapier
- weicher Bleistift
- Falzbein oder kleiner Löffel
- Gummi-Schnitzblöcke oder Radiergummis in Weiß
- Linolschnittmesser mit Klingen Nr. 1 und 5
- Cutter oder Skalpell
- Aquarellpapierrest
- handgebundenes Tagebuch
- Metalllineal
- Schmierpapier
- Stempelkissen in verschiedenen Farben
- PVA-Kleber

Und so geht's

① Alle Blumentöpfe und Pflanzen von der Vorlage auf Seite 130 abpausen und auf die Schnitzblöcke oder Radiergummis übertragen (Seite 17) (**A**).

② Schnitzen Sie die Stempel. Um saubere Abdrucke zu erhalten, schneiden Sie überschüssiges Gummi mit dem Cutter an den Rändern ab. Schnitzen Sie die Blumentöpfe und die Pflanzen

separat, sodass Sie diese später austauschen und unterschiedlich kombinieren können. Die Stempel mit warmem Wasser und pH-neutraler Seife waschen und trocknen lassen (**B**).

③ Schneiden Sie aus dem Aquarellpapier ein Quadrat von 5 cm x 5 cm aus. Legen Sie das Quadrat an gewünschter Stelle auf den Deckel des Tagebuchs und zeichnen Sie den Umriss nach (**C**). Das Quadrat beiseite legen.

④ Mit dem Metalllineal und dem Cutter oberflächlich den quadratischen Umriss auf dem Buchdeckel nachschneiden. *Hinweis:* Der Schnitt sollte max. 1,5 mm tief sein.

⑤ Heben Sie das ausgeschnittene Quadrat vorsichtig ab, sodass die darunter liegende Buchbinderpappe zu sehen ist (**D**).

⑥ Spielen Sie mit den Stempeln. Nehmen Sie für jeden Blumentopf und für jede Pflanze eine andere Farbe. Das schönste Motiv stempeln Sie dann auf das Aquarellpapierquadrat (**E**).

⑦ PVA-Kleber auf die ausgeschnittene Fläche auf dem Buchdeckel auftragen. Das bestempelte Aquarellpapier auflegen und festdrücken (**F**).

⑧ Nehmen Sie das Falzbein und glätten Sie damit die Ränder (**G**).

⑨ Verzieren Sie die Seiten Ihres Tagebuchs mit den Blumentopf- und Pflanzenstempeln.

TIPP: Dies ist ein tolles Geschenk für Freunde mit einem grünen Daumen! Aber warum diesen nicht gleich ein Kit zum Selbermachen schenken? Fertigen Sie das Tagebuch mit dem verzierten Deckel an und verschenken Sie es zusammen mit einer Auswahl kleiner Stempelkissen und geschnitzter Stempel. Der Beschenkte kann dann nach und nach die Seiten selbst verzieren.

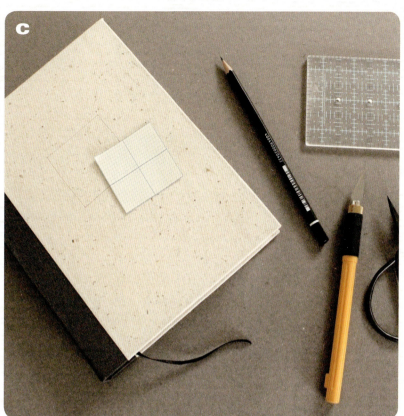

GARTENTAGEBUCH

stempeln auf stoff

Tragetasche mit Kaktus

Die subtil abgestufte Farbschattierung des Kaktus erhalten Sie durch Auftragen mehrerer Farben auf den Stempel. Das Aufsticken der Stacheln lässt das Motiv realistisch aussehen und verleiht ihm Struktur.

Sie brauchen

- Transparentpapier
- weicher Bleistift
- Falzbein oder kleiner Löffel
- Gummi-Schnitzblöcke
- Linolschnittmesser mit Klingen Nr. 1 und 5
- Cutter oder Skalpell
- Stempelkissen für Stoff in Blau- und Grüntönen, Lila, Rosa und Gelb
- Leinen oder Baumwolle in Natur
- Stickrahmen
- Stickgarn in Weiß, Grün und Lila
- Sticknadel
- Tragetasche aus Baumwolle

Und so geht's

① Die Kaktusteile von der Vorlage auf Seite 128 abpausen und auf die Schnitzblöcke übertragen (Seite 17).

② Schnitzen Sie die Stempel aus den Blöcken aus. Nehmen Sie die Klinge Nr. 1, um die Details der Blüten zu schnitzen. Die Stempel mit warmem Wasser und pH-neutraler Seife waschen und trocknen lassen (**A**).

③ Üben Sie das Auftragen der Farbe auf die Stempel, um die Schattierungen zu erhalten. Dazu zunächst die Grundfarbe auftragen, dann entlang der Ränder ergänzende Farben auftupfen. Mehrfach mit wenig Druck tupfen, um eine gleichmäßige Schattierung zu erhalten. *Hinweis:* Bei einigen der großen Teile des Kaktus habe ich an den Ränder etwas Lila und Gelb hinzugefügt.

A

TRAGETASCHE MIT KAKTUS

79

④ Probieren Sie die Stempel vorab auf Schmierpapier aus und setzen Sie alle Kaktusteile, Kaktusfeigen und Blüten zu einem vollständigen Kaktus zusammen (**B**).

⑤ Wenn Sie mit Ihrem Motiv zufrieden sind, stempeln Sie dieses auf das Stoffstück.

⑥ Vollständig trocknen lassen und nach Herstellerangabe fixieren. *Hinweis:* Beim heißen Fixieren darauf achten, das Motiv von hinten zu bügeln und einen Stoffrest unter den bestempelten Stoff zu legen, um den Bügelbrettbezug zu schützen.

⑦ Spannen Sie das bestempelte Stoffstück in den Stickrahmen ein (**C**).

⑧ Sticken Sie mit weißem Stickgarn die Stacheln mit langen, geraden Stichen auf. Anschließend mit grünem Stickgarn einen Knötchenstich in die Mitte jeder Stachelgruppe setzen (Seite 27). Für die Stacheln der Kaktusfeigen winzige Stiche mit lila Stickgarn aufsticken (**D**).

⑨ Die Seiten und den unteren Rand der Tasche einmal einschlagen und bügeln (**E**). Den oberen Saum zweimal einschlagen und bügeln. Nähen Sie den oberen Saum der Tasche mit der Nähmaschine fest. Legen Sie dann die Tasche auf die Tragetasche, stecken Sie sie fest und nähen Sie sie von Hand mit dem Saumstich (Seite 27) an.

TIPP: Manchmal springt einem die Inspiration praktisch ins Auge. Bei diesem Kaktus wusste ich erst, als ich ihn fertig in der Hand hielt, wozu ich ihn verwenden könnte. Ich sah eine meiner Einkaufstaschen und mir kam die Idee, dass diese Stickerei ideal für eine aufgesetzte Tasche ist, um mein Notizbuch mit dem Einkaufszettel einzustecken.

Kaffeepressenwärmer

Ich finde meine Kaffeepresse toll und ich wette, dass Sie Ihre auch mögen. Dieser gesteppte Wärmer ist nicht nur schön, sondern er hält den Kaffee warm, damit Sie ihn bis zum letzten Tropfen genießen können.

Sie brauchen

- Transparentpapier
- weicher Bleistift
- Falzbein oder kleiner Löffel
- Gummi-Schnitzblöcke
- Linolschnittmesser mit Klingen Nr. 1 und 5
- Cutter oder Skalpell
- Schmierpapier
- Stempelkissen für Stoff in Grüntönen
- kleines Stempelkissen für Stoff in Rot
- 2 Baumwollstoffstücke in Natur, Größe je nach Kaffeepresse
- Wollfilz, etwas kleiner als die Stoffstücke
- Nähmaschine
- Nähgarn
- Sisal- oder Jutegarn

Und so geht's

① Die einzelnen Teile von der Vorlage auf Seite 127 abpausen und auf die Schnitzblöcke übertragen (Seite 17) (**A**). *Hinweis:* Sie müssen drei verschiedene Stempel anfertigen: einen für die Kaffeepflanze mit den Beeren, einen für die Blüte und einen winzigen Stempel für die Blütenstempel.

② Schnitzen Sie die Stempel aus. Nehmen Sie die Klinge Nr. 1, um die Details der Blüte zu schnitzen. Die Stempel mit warmem Wasser und pH-neutraler Seife waschen und trocknen lassen.

③ Stempeln Sie die Motive zur Probe auf ein Stück Schmierpapier (**B**).

④ Waschen, trocknen und bügeln Sie die Baumwolle. Der Wollfilz dient als Wattierung des abgesteppten Wärmers. *Hinweis:* Ich habe einen alten Reisbeutel verwendet und dessen aufgestempelte Nummer in mein Design mit einbezogen.

⑤ Die Pflanze aufstempeln. *Hinweis:* Ich habe einen Grünton auf den gesamten Stempel aufgetragen und dann einen anderen Farbton auf die Ränder der Blätter aufgetupft. Tragen Sie mit der Spitze des kleinen Stempelkissens etwas Rot auf die Kaffeebeeren auf.

⑥ Die Farbe vollständig trocknen lassen und dann gemäß Herstellerangabe fixieren. *Tipp:* Beim heißen Fixieren darauf achten, das Motiv von hinten zu bügeln und einen Stoffrest unter den bestempelten Stoff zu legen, um den Bügelbrettbezug zu schützen.

⑦ Die Stoffstücke rechts auf rechts aufeinander nähen, dabei eine Schmalseite zum Wenden offen lassen. Die Nahtzugaben zurückschneiden, den Kaffeewärmer wenden und den Wollfilz zwischen die beiden Stofflagen schieben. Die offene Seite mit der Nähmaschine oder von Hand mit dem Saumstich (Seite 27) zunähen.

⑧ Den Kaffeewärmer mit parallelen Linien absteppen und dabei den Nähfuß als Führung für einen gleichmäßigen Abstand zwischen den Nähten verwenden (**C**).

⑨ Befestigen Sie mit Zickzackstichen an beiden Seiten des Kaffeewärmers jeweils ein Stück Sisal- oder Jutegarn. Mit diesen binden Sie den Wärmer um Ihre Kaffeepresse (**D**).

TIPP: Waschen Sie den Kaffeewärmer, wenn nötig, von Hand und hängen Sie ihn zum Trocknen auf. Wenn die Stofffarbe korrekt fixiert wurde, wird sie nicht verlaufen. Durch die Handwäsche können Sie aber verhindern, dass die Bindfäden ausfransen.

Vogelbrosche

Perlen und Stempel sind die fantastische Verbindung zweier wunderbarer Ausdrucksformen des Kunsthandwerks. Nachdem Sie diesen kleinen Vogel verziert haben, reichen ein bisschen Füllung und ein paar Stiche, um Ihre Brosche fertigzustellen.

Sie brauchen

- Transparentpapier
- weicher Bleistift
- Falzbein oder kleiner Löffel
- Gummi-Schnitzblock
- Linolschnittmesser mit Klingen Nr. 1 und 5
- Cutter oder Skalpell
- Stempelkissen für Stoff in Schwarz
- feiner Stoffmalstift in Schwarz
- Schmierpapier
- Leinen- oder Baumwollstoff in Natur für die Vorderseite
- Stoff in einer passenden Farbe für die Rückseite
- Stickrahmen
- Baumwollgarn
- Nähnadel
- Stickgarn
- Rocailles in beliebigen Farben
- Füllmaterial
- Sicherheitsnadel

Und so geht's

① Das Vogelmotiv von der Vorlage auf Seite 127 abpausen. Mithilfe des Falzbeins oder des kleinen Löffels auf den Schnitzblock übertragen (Seite 17) (**A**).

② Schnitzen Sie den Stempel aus. Nehmen Sie die Klinge Nr. 1, um die Details herauszuarbeiten. Schneiden Sie den Umriss des Stempels aus, sodass Sie eine saubere Kante erhalten. Dies

ist besonders wichtig, wenn Sie auf Stoff stempeln. Den Stempel mit warmem Wasser und pH-neutraler Seife waschen und trocknen lassen (**B**).

③ Stempeln Sie den Vogel auf ein Schmierpapier, um sicherzustellen, dass der Abdruck gleichmäßig ist, bevor Sie ihn auf den Stoff stempeln.

④ Den Vogel auf den Stoff stempeln. Nach dem Trocknen das Auge und den Schnabel tiefschwarz ausmalen. Vollständig trocknen lassen (**C**) und dann gemäß Herstellerangabe fixieren.

⑤ Spannen Sie den Stoff in den Stickrahmen ein. Mit dem Baumwollgarn die Perlen aufnähen. Dazu von hinten durch den Stoff stechen, eine Perle auf die Nadel gleiten lassen und wieder in den Stoff einstechen (**D**). Diesen Vorgang für jede Perle wiederholen.

⑥ Wenn die Perlen aufgenäht sind, können Sie mit dem Stickgarn noch beliebige Stickstiche hinzufügen. Verwenden Sie Kontrastfarben, um noch mehr Details hervorzuheben (**E**).

⑦ Den Vogel rundherum mit 2,5 cm Nahtzugabe ausschneiden. Den Vogel als Vorlage auf den Stoff für die Rückseite legen und die Rückseite der Brosche ausschneiden (**F**).

⑧ Die Stoffe rechts auf rechts von Hand zusammennähen. Lassen Sie an einem Flügel eine kleine Öffnung zum Wenden und Ausstopfen. Stutzen Sie die Nahtzugabe. Um gleichmäßige Säume zu erhalten und das Verziehen des Stoffs zu vermeiden, die nach innen gewölbten Kurven einschneiden und die nach außen gewölbten Kurven einkerben (**G**). *Hinweis:* Zum Einkerben V-förmige Stücke aus der Nahtzugabe ausschneiden; zum Einschneiden kleine Schnitte in die Nahtzugabe machen.

⑨ Wenden Sie den Vogel und stopfen Sie ihn mit dem Füllmaterial aus. Nähen Sie anschließend die Öffnung mit dem Saumstich (Seite 27) zu.

⑩ Die Sicherheitsnadel mit Stickgarn an der Rückseite der Brosche annähen (**H**).

TIPP: Sie können Perlen in jeder beliebigen Farbe verwenden. Es kann hilfreich sein, zunächst mit Buntstiften ein paar verschiedene Farbkombinationen vorzuzeichnen. Sie können auch eine besondere Perle als Blickfang in die Mitte Ihrer Brosche setzen. Verschönern Sie mit der Brosche ein Kleidungsstück oder Ihre Lieblingstasche.

VOGELBROSCHE

T-Shirt mit Seemotiv

Ein See, der sich sehen lassen kann. Entwerfen Sie malerische Designs, indem Sie kleinere Elemente zu einem Ganzen zusammenfügen. Zum Anfertigen dieses friedvollen Bildes ist jedes T-Shirt in heller Farbe geeignet.

Sie brauchen

- Transparentpapier
- weicher Bleistift
- Falzbein oder kleiner Löffel
- Gummi-Schnitzblöcke
- Linolschnittmesser mit Klingen Nr. 1 und 5
- Cutter oder Skalpell
- Stempelkissen für Stoff in beliebigen Farben
- Schmierpapier
- T-Shirt in Hellgrau oder beliebiger heller Farbe
- Pappe

Und so geht's

1. Die Motive mit dem weichen Bleistift einzeln von der Vorlage auf Seite 129 abpausen. Mithilfe des Falzbeins oder des kleinen Löffels auf die Schnitzblöcke übertragen (Seite 17) (**A**).

2. Schnitzen Sie die Stempel aus den Blöcken aus. Nehmen Sie die Klinge Nr. 1, um die Details herauszuarbeiten. Schneiden Sie den Umriss des Stempels aus, sodass Sie eine saubere Kante

erhalten. Dies ist besonders wichtig, wenn Sie auf Stoff stempeln. Die Stempel mit Wasser und pH-neutraler Seife waschen und trocknen lassen (**B**).

③ Das T-Shirt waschen und trocknen lassen. Bügeln Sie das T-Shirt, sodass Sie eine vollkommen glatte Arbeitsfläche erhalten. Legen Sie ein Stück Pappe in das T-Shirt, um zu verhindern, dass die Farbe von der Vorderseite auf die Rückseite abfärbt.

④ Probieren Sie die Stempel vorab auf Schmierpapier aus und setzen Sie die einzelnen Elemente zu einem Bild zusammen. Wenn Sie mit Ihrem Design zufrieden sind, beginnen Sie mit dem Bestempeln des T-Shirts. Als Erstes den See und dann die Rohrkolben und die drei Seetaucher stempeln. Das Bild mit den Steinen und dem Mond vervollständigen (**C**).

⑤ Die Farben vollständig trocknen lassen und dann gemäß Herstellerangabe fixieren.
Tipp: Beim heißen Fixieren darauf achten, das Motiv von hinten zu bügeln und einen Stoffrest unter den bestempelten Stoff zu legen, um den Bügelbrettbezug zu schützen.

B

TIPP: Nachdem Sie ein Bild gestaltet haben, können Sie die Elemente neu anordnen, um ein anderes Bild zu erhalten, oder die Stempel einzeln oder in verschiedenen Kombinationen verwenden, sodass sich Ihnen unendliche Designmöglichkeiten bieten.

Vogelkissen

Jetzt wird gemalt! Die Stempel selbst sind einfache Formen zum Anfertigen des Abdrucks. Die Details – Augen, Schnäbel und Füße – fügen Sie mit schwarzer Stoffmalfarbe hinzu.

Sie brauchen

- Transparentpapier
- weicher Bleistift
- Falzbein oder kleiner Löffel
- Gummi-Schnitzblöcke
- Linolschnittmesser mit Klingen Nr. 1 und 5
- Cutter oder Skalpell
- Stempelkissen für Stoff in verschiedenen Farben und in Weiß
- Stoff in Natur, Größe je nach Kissen
- Stoffmalfarbe für dunkle Stoffe in Schwarz und Weiß
- feiner, runder Pinsel
- Nähmaschine
- Kissen

Und so geht's

① Die Motive von der Vorlage auf Seite 130 abpausen und mithilfe des Falzbeins oder des kleinen Löffels auf die Schnitzblöcke übertragen (Seite 17). Sie brauchen zwei Vogelkörper, zwei Flügel und einen Schwanz.

② Schnitzen Sie die Stempel aus den Blöcken aus. Nehmen Sie die Klinge Nr. 1 für die Linien der Flügel und des Schwanzes. Die Stempel mit warmem Wasser und pH-neutraler Seife waschen und an der Luft trocknen lassen (**A**).

VOGELKISSEN

95

③ Probieren Sie die Stempel auf einem Stoffrest aus, der dem Stoff für den Kissenbezug ähnelt (**B**).

④ Stempeln Sie die Vogelkörper auf den Stoff für die Kissenvorderseite. Wechseln Sie dabei die Richtung: zwei schauen nach rechts und einer nach links (oder umgekehrt). Mit Weiß den Flügel auf jeden Vogel stempeln. Für jeden Schwanz eine kontrastierende Farbe nehmen. Trocknen lassen (**C**).

⑤ Malen Sie mit schwarzer Stoffmalfarbe die Augen, Schnäbel und Füße der Vögel auf. Die Füße so malen, dass es aussieht, als stünden die Vögel aufeinander. Die Farbe mindestens 20 Minuten trocknen lassen (**D**). Einen weißen Lichtpunkt mit Stoffmalfarbe in die Augen setzen. Erneut trocknen lassen.

⑥ Nach Herstellerangabe fixieren. *Tipp:* Beim heißen Fixieren darauf achten, das Motiv von hinten zu bügeln und einen Stoffrest unter den bestempelten Stoff zu legen, um den Bügelbrettbezug zu schützen.

⑦ Den Stoff für die Rückseite des Kissens zuschneiden – so breit wie die Vorderseite, aber etwas länger. Zerschneiden Sie die Rückseite in zwei Rechtecke, wobei eines etwas größer als das andere ist. Jeweils eine lange Seite säumen.

⑧ Die Vorderseite mit dem Motiv nach oben auf die Arbeitsfläche legen. Die Rechtecke mit der rechten Seite nach unten auflegen. Die gesäumten Kanten liegen übereinander, sodass an der Rückseite eine verdeckte Öffnung entsteht. Die Teile zusammennähen, den Bezug wenden und das Kissen damit beziehen (**E**).

TIPP: Geben Sie Ihrem Kissen eine Zierkante. Bügeln Sie den Bezug nach dem Wenden und steppen Sie die Kante dann mit 6 mm Abstand zum Rand ringsherum schmal ab.

Stempeln auf anderen Materialien

Schatzschachtel

Hier zeige ich Ihnen eine andere Art, einen Stempel zu verwenden. Machen Sie einen Abdruck in Modelliermasse. Kleben Sie den gebackenen Abdruck auf eine kleine Schachtel und bemalen Sie ihn.

Sie brauchen

- Transparentpapier
- weicher Bleistift
- Falzbein oder kleiner Löffel
- Gummi-Schnitzblock
- Linolschnittmesser mit Klingen Nr. 1 und 5
- Cutter oder Skalpell
- Modelliermasse in Weiß
- Nudelholz oder Pastamaschine (ausschließlich für Modelliermasse verwendet)
- Lineal
- Pappschachtel mit Deckel, etwa 5 cm x 7,6 cm
- PVA-Kleber
- Acrylfarbe in beliebiger Farbe
- mittelgroßer, flacher Pinsel

Und so geht's

① Das Motiv mit dem weichen Bleistift von der Vorlage auf Seite 127 abpausen und dann mithilfe des Falzbeins oder des kleinen Löffels auf den Schnitzblock übertragen (Seite 17) (**A**).

② Schnitzen Sie den Stempel aus dem Block aus. Nehmen Sie die Klinge Nr. 1, um die Linien des Motivs zu schnitzen; der Rest bleibt als negativer Raum erhalten (Seite 21). Den Stempel mit warmem Wasser und pH-neutraler Seife waschen und trocknen lassen.

SCHATZSCHACHTEL

③ Kneten Sie ein Stück Modelliermasse, bis es weich und formbar ist. Rollen Sie es mit dem Nudelholz oder der Pastamaschine aus, bis es etwas größer als der Stempel und 3 mm dick ist (**B**). *Hinweis:* Zum Ausrollen keine Geräte nehmen, die mit Lebensmitteln in Berührung kommen.

④ Den Stempel fest und gleichmäßig in die Modelliermasse drücken, um den Abdruck zu erzeugen. Den Überstand mit dem Cutter oder dem Skalpell abschneiden und dabei einen Rand um den Abdruck herum lassen. Nehmen Sie ein Lineal zu Hilfe, um gerade Kanten zu erhalten (**C**).

⑤ Die Modelliermasse gemäß Herstellerangabe aushärten und vollständig abkühlen lassen.

⑥ Kleben Sie den Abdruck auf den Deckel der Pappschachtel. Lassen Sie den Klebstoff trocknen.

⑦ Bemalen Sie den Deckel mit Acrylfarbe und Pinsel. *Hinweis:* Ich habe für die Kante einen dunkleren Farbton als für das aufgeklebte Teil genommen. Trocknen lassen.

TIPP: Sie können problemlos auch größere Schachteln verzieren. Fertigen Sie einfach der Größe Ihres Deckels entsprechend größere Stempel an. Wie wär's zum Beispiel mit einer Schachtel, die groß genug ist, um Ihre Lieblingsstempel darin aufzubewahren?

Blumentöpfe

Blumentöpfe aus Ton sind schon an sich schön, aber mit einer einfachen Bestempelung werden sie zu echten Schmuckstücken. Die Schattierung der langsam verblassenden Farbe gibt den Töpfen ein verwittertes Aussehen.

Sie brauchen

- Transparentpapier
- weicher Bleistift
- Falzbein oder kleiner Löffel
- Gummi-Schnitzblock
- Linolschnittmesser mit Klingen Nr. 1 und 5
- Cutter oder Skalpell
- Stempelkissen in Schwarz und Weiß
- Schmierpapier
- 2 kleine Tontöpfe
- kleines Handtuch

Und so geht's

① Das Motiv mit dem weichen Bleistift von der Vorlage auf Seite 128 abpausen und dann mithilfe des Falzbeins oder des kleinen Löffels auf den Schnitzblock übertragen (Seite 17).

② Schnitzen Sie den Stempel aus dem Block aus (**A**). Nehmen Sie die Klinge Nr. 1, um Details wie die Spitzen des Dreiecks herauszuarbeiten (**B**). Den Stempel mit warmem Wasser und pH-neutraler Seife waschen und trocknen lassen.

③ Den Stempel mit der geschnitzten Seite nach oben auf den Tisch legen, mit der linken Hand festhalten und mit dem Stempelkissen die Farbe auftragen. Das Stempelkissen wiederholt mit gleichmäßigem Druck auf den Stempel klopfen, bis dieser ganz mit Farbe bedeckt ist. Den Stempel auf Schmierpapier ausprobieren (**C**).

④ Den trockenen und sauberen Blumentopf auf ein gefaltetes Handtuch legen, damit er beim Stempeln nicht verrutscht. Biegen Sie den Stempel, um ihn an die Rundung des Topfes anzupassen, und üben Sie beim Stempeln einen gleichmäßigen, festen Druck aus. Am oberen Rand beginnen und nach unten hin fortfahren (**D**).

⑤ Einen weiteren Abdruck unterhalb des ersten anfertigen, ohne erneut Farbe aufzutragen, sodass eine Schattierung entsteht. Fahren Sie fort, bis keine Farbe mehr auf dem Stempel vorhanden ist. Machen Sie zuerst auf Schmierpapier einen Test. Den Vorgang rund um den Topf herum wiederholen. Trocknen lassen.

⑥ Sie können auch nur den oberen Rand des Topfes ringsherum verzieren. Achten Sie dabei darauf, den Stempel so anzusetzen, dass das Muster ununterbrochen rund um den Topf herum verläuft. Die Farbe vor Gebrauch des Topfes gut trocknen lassen (**E**).

TIPP: Ich stelle gerne ein paar Töpfe mit frischen Kräutern auf mein Fensterbrett oder neben meine Küchentür. Beim Kochen sind ein paar Blätter schnell abgezupft und der Duft frisch geschnittener Kräuter füllt die Luft.

BLUMENTÖPFE

Hübscher Stein

Fertigen Sie anstelle eines großen Stempels mehrere kleine an, die Sie verschieden kombinieren können. Dies gibt Ihnen Flexibilität, sodass Sie das Muster an die Größe des zu bestempelnden Objekts anpassen können. Sie können mit dieser Methode auch ein größeres Motiv aus mehreren kleineren zusammenstellen.

Sie brauchen

- Transparentpapier
- weicher Bleistift
- Falzbein oder kleiner Löffel
- Gummi-Schnitzblock
- Linolschnittmesser mit Klingen Nr. 1 und 5
- Cutter oder Skalpell
- Stempelkissen in Weiß
- Schmierpapier
- mittelgroße, glatte Steine
- Acrylfarbe in Rot
- feiner, runder Pinsel

Und so geht's

① Die Motive von der Vorlage auf Seite 129 abpausen und dann mithilfe des Falzbeins oder des kleinen Löffels auf den Schnitzblock übertragen (Seite 17) (**A**).

② Schnitzen Sie mit dem Linolschnittmesser den Stempel aus dem Schnitzblock aus (**B**).

③ Wenn Sie zwei Motive in den Block geschnitzt haben, schneiden Sie diesen durch, um zwei separate Stempel zu erhalten. Die Stempel waschen und trocknen lassen (**C**).

④ Die Stempel auf Schmierpapier ausprobieren. Üben Sie das Stempeln wiederholter Muster mit den Blättern (**D**).

⑤ Den Stein gut waschen. Mit einer Bürste und etwas pH-neutraler Seife Erde oder Sand entfernen, gut abspülen und vollständig trocknen lassen.

⑥ Die Motive auf den Stein stempeln. Da Steine gewölbt sind, müssen Sie Druck auf den Stempel ausüben und ihn gleichzeitig biegen. Achten Sie darauf, dass der Stein nicht verrutscht, da sonst Ihr Abdruck verschmiert. Üben Sie eventuell zuerst mit einem zusätzlichen Stein.

⑦ Mit den einzelnen Blattmotiven können Sie Abdrucke auf kleinere Steine machen.
Hinweis: Hellere Steine sehen auch schön aus, wenn Sie mit schwarzer Farbe stempeln (**E**).

⑧ Wenn Sie durch Wiederholung Ihres Motivs einen größeren Zweig gestempelt haben, malen Sie mit dem feinen, runden Pinsel rote Punkte als Beeren auf (**F**).

TIPP: Verwenden Sie Ihre verzierten Steine als Briefbeschwerer, zum Verschönern von Blumentöpfen oder als natürliche Dekoration auf dem Fensterbrett. Ich habe mehrere solcher Steine als Briefbeschwerer in meinem Arbeitszimmer, da ich gerne bei offenem Fenster arbeite und es oft sehr windig ist.

HÜBSCHER STEIN

Wandbordüre

Gefallen Ihnen aufgemalte Bordüren an der Wand, aber Sie haben keine Lust auf die umständliche Arbeit mit Farben, Pinseln und Schablonen? Stempeln Sie stattdessen Ihr Motiv! So können Sie schnell und einfach ein Zimmer dekorieren.

Sie brauchen

- Transparentpapier
- weicher Bleistift
- Falzbein oder kleiner Löffel
- Gummi-Schnitzblöcke, davon einer mindestens 10,2 cm x 15,2 cm
- Linolschnittmesser mit Klingen Nr. 1, 2 und 5
- Cutter oder Skalpell
- 2 Stempelkissen in kontrastierender Farbe
- Schmierpapier

Und so geht's

① Die Motive von der Vorlage auf Seite 131 abpausen. *Tipp:* Befestigen Sie das Transparentpapier mit Klebeband an der zu bestempelnden Stelle, um die Größe zu prüfen. Wenn Sie eine Bordüre um ein Fenster oder eine Tür planen, testen Sie die Anordnung des Motivs (**A**) und passen Sie ggf. die Größe an.

② Das größere Motiv mithilfe des Falzbeins oder des kleinen Löffels auf den 10,2 cm x 15,2 cm großen Schnitzblock übertragen (Seite 17). Für die Blume und das einzelne Blatt kleinere Blöcke oder weiße Radiergummis verwenden (**B**).

WANDBORDÜRE

115

③ Schnitzen Sie die Stempel aus den Blöcken aus (**C**). Nehmen Sie die Klingen Nr. 1 und 2 für die Linien und die Klinge Nr. 5 und den Cutter oder das Skalpell, um überschüssiges Gummi zu entfernen. Die Stempel mit warmem Wasser und pH-neutraler Seife waschen und an der Luft trocknen lassen.

④ Probieren Sie die Stempel mit den Stempelfarben, die Sie für die Wand nehmen möchten, auf Schmierpapier aus. Sie brauchen drei Stempel: Blätter an einem Stiel, ein einzelnes Blatt und die Blume. Mit dem einzelnen Blatt schließen Sie die Enden der Bordüre ab (**D**).

⑤ Die Wand muss vor dem Stempeln sauber und trocken sein. Nehmen Sie die Kante des Fensterrahmens als Führung und lassen Sie zwischen dem gestempelten Motiv und dem Fensterrahmen einen Abstand von 4 cm.

⑥ Zuerst die Blätter und dann die Blume stempeln (**E**). Mit dem einzelnen Blatt die Enden abschließen. Die Farbe mindestens 24 Stunden trocknen lassen, bevor sie angefasst wird, um das Verschmieren des Motivs zu vermeiden.

D

E

TIPP: Die Stempel bieten Ihnen viele Möglichkeiten für Wandverzierungen. Stempeln Sie dekorative Bordüren um Fenster, Türen oder Spiegel herum. Stempeln Sie Ihre Motive unterhalb der Stuckleiste am oberen Rand der Wand auf. Sie können mit den Stempeln auch im Bad oder in der Küche Akzente in Form eines oder mehrerer Einzelmotive setzen.

motive

Wenn Sie ein in einem Projekt verwendetes Motiv austauschen möchten, finden Sie hier zusätzliche Motive, die Ihnen gefallen könnten.

vorlagen

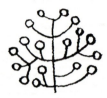  

**Geschenk-
anhänger**
Seite 36

Radiergummistempel
Seite 32

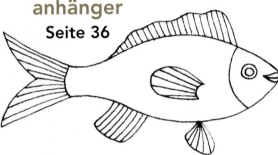

Leporello-Tagebuch
Seite 58

Exlibris
Seite 42

Bestickte Karten
Seite 63

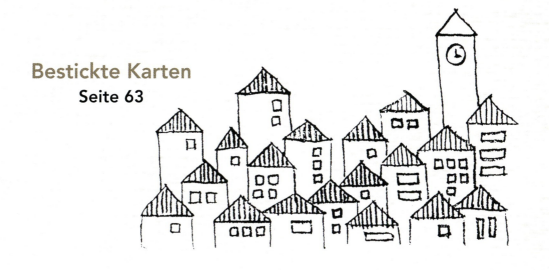

Schmetterlingspost
Seite 68

Bilderrahmen
Seite 50

Briefpapier
Seite 39

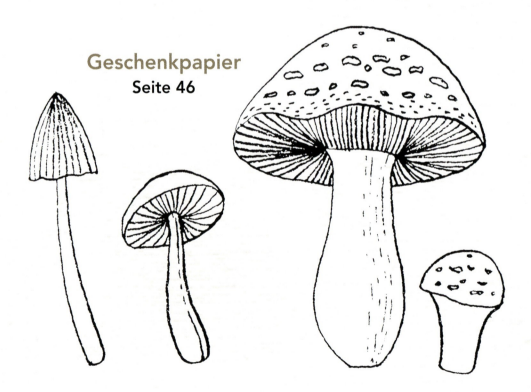

Geschenkpapier
Seite 46

Vogelbrosche
Seite 86

Kaffeepressenwärmer
Seite 82

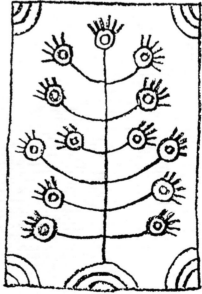

Schatz-schachtel
Seite 100

Blumentöpfe
Seite 104

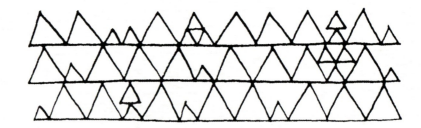

Tragetasche mit Kaktus
Seite 78

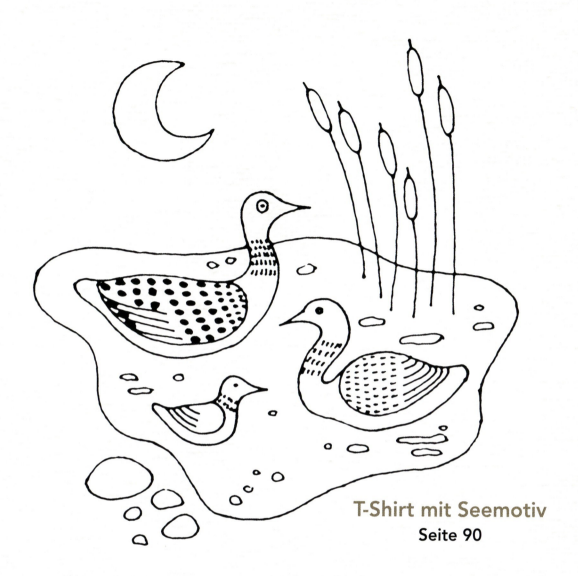

T-Shirt mit Seemotiv
Seite 90

Hübscher Stein
Seite 109

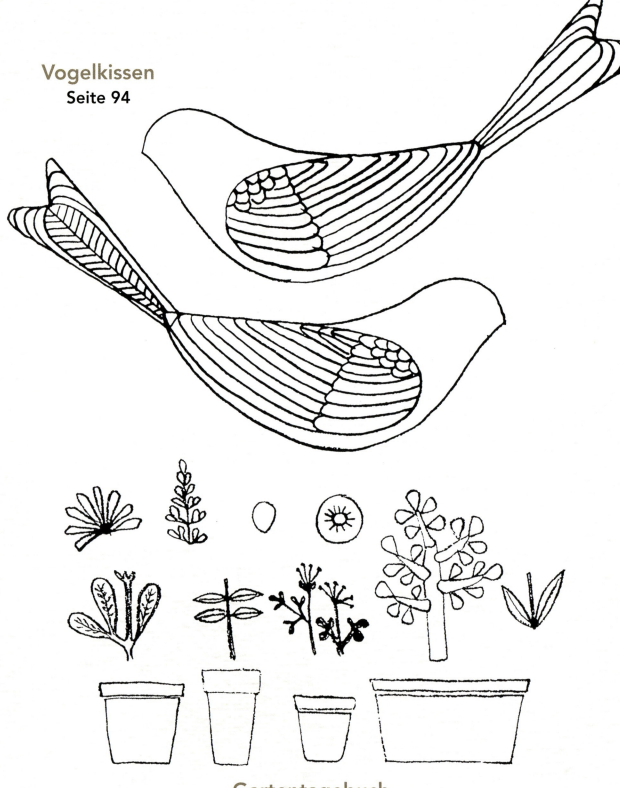

Vogelkissen
Seite 94

Gartentagebuch
Seite 72

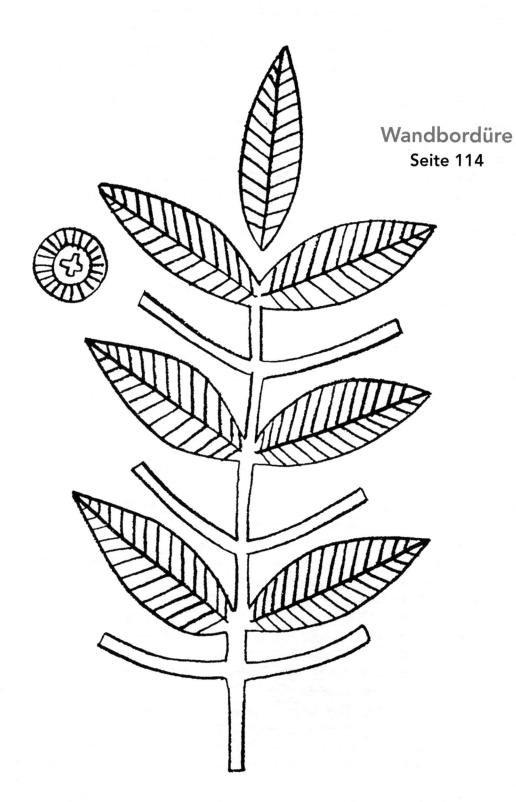

Wandbordüre
Seite 114

Geninne D. Zlatkis

Geninne ist Künstlerin, Illustratorin und Grafikerin und lebt mit ihrem Mann, ihren zwei Söhnen und einem Border Collie in der wunderschönen Kolonialstadt Queretaro in Mexiko. Ihre Liebe zu Kunst und Kunsthandwerk begann sehr früh. Laut ihrer Mutter begann sie mit zwei Jahren zu zeichnen und dies blieb ihre Lieblingsbeschäftigung während ihrer Kindheit und Jugend. Geninne studierte einige Jahre lang Architektur in Chile und machte schließlich ihren Hochschulabschluss als Grafikerin in Mexiko.

Sie arbeitet unter anderem mit Aquarellfarben, Tinte und Bleistift. Sie näht, stickt und schnitzt mit Begeisterung Gummistempel. Drucke ihrer Aquarelle sind in ihrem Etsy-Shop unter geninne.etsy.com erhältlich. Ihre Inspiration kommt hauptsächlich aus der Natur, die die treibende Kraft hinter ihren Werken ist. Da sie niemals Unterricht im Aquarellmalen genommen hat, konnte sie ihren eigenen Malstil entwickeln. Besuchen Sie ihren Blog unter www.geninne.com.

Impressum

Herausgeber: Linda Kopp
Art-Direktor: Kristi Pfeffer
Design: Amy Sly & Kristi Pfeffer
Illustrationen: Geninne D. Zlatkis
Fotos: Geninne D. Zlatkis
Cover: Kristi Pfeffer

Text, Fotos und Illustrationen © 2012 Geninne D. Zlatkis
Die englische Originalausgabe erschien 2012 in den USA unter dem Titel MAKING AN IMPRESSION bei Lark Crafts, einem Imprint der Sterling Publishing Co., Inc.

Sterling Publishing Co., Inc.
387 Park Avenue South
New York, NY 10016.

© der deutschen Ausgabe: 2014 frechverlag GmbH, 70499 Stuttgart

Materialangaben und Arbeitshinweise in diesem Buch wurden von der Autorin und den Mitarbeitern des Verlags sorgfältig geprüft. Eine Garantie wird jedoch nicht übernommen. Autorin und Verlag können für eventuell auftretende Fehler oder Schäden nicht haftbar gemacht werden. Das Werk und die darin gezeigten Modelle sind urheberrechtlich geschützt. Die Vervielfältigung und Verbreitung ist, außer für private, nicht kommerzielle Zwecke, untersagt und wird zivil- und strafrechtlich verfolgt. Dies gilt insbesondere für eine Verbreitung des Werkes durch Fotokopien, Film, Funk und Fernsehen, elektronische Medien und Internet sowie für eine gewerbliche Nutzung der gezeigten Modelle. Bei Verwendung im Unterricht und in Kursen ist auf dieses Buch hinzuweisen.

Projektmanagement: Tina Herud
Lektorat: Susanne Pypke, Stuttgart
Übersetzung: Heike Fliegel
Satz: DOPPELPUNKT, Stuttgart
Druck: Korotan, Slowenien
1. Auflage 2014
ISBN 978-3-7724-5895-8   Best.-Nr. 5895